Psychopathen des Alltags

Wie Sie gefährliche Persönlichkeiten erkennen, toxische Menschen meiden und sich vor Manipulation effektiv schützen

Felix Gerste

Inhaltsverzeichnis

Einleitung

Der Begriff „Psychopath" wird heute stark verallgemeinernd genutzt. Darunter findet man Serientäter, Stalker, aber auch den einen oder anderen merkwürdigen Ex-Partner sowie Menschen, die überraschend emotional reagieren, ohne dabei anderen Gewalt anzutun. In diesem Ratgeber werden Sie einer klaren Linie folgen, die das eine von dem anderen trennen wird. Sie werden lesen, wann der Begriff tatsächlich verwendet wird und warum dieser nicht automatisch alle Menschen mit einer psychischen Erkrankung einbezieht. Eine psychische Erkrankung vermag das Verhalten von Betroffenen lediglich zu erklären und nicht, die aus diesem Grund eventuell begangenen (Straf-)Taten zu entschuldigen. Genauso ist ein Mensch mit einer psychischen Erkrankung nicht automatisch böse und begeht unkontrolliert Straftaten. Eine psychische Störung beziehungsweise Erkrankung ist nicht gleichbedeutend mit Kriminalität.

Wie Sie sehen, erfordert das Thema einen feinfühligen Umgang mit Begriffen aus der Neurologie und Psychologie, wenn nicht sogar aus der Forensik. Sollten Sie dieses Buch allerdings aufgrund seines Titels zur Hand genommen haben, erkennen Sie jetzt, dass dieser sein Ziel erreicht und Ihre Neugier angesprochen hat. Die Vorstellung von „Psychopathen" im Alltag ist also stark verknüpft mit dem abgrundtiefen Bösen und einer Person, die zwei Gesichter hat. Aber wann wird ein Mensch zum Psychopathen? Und ist damit tatsächlich ein Psychopath oder aber ein Soziopath gemeint?

Dieser Ratgeber wird Ihnen einen Überblick über die verschiedensten Persönlichkeitstypen des Alltags bieten, indem er Begrifflichkeiten definiert und Ihnen so dieses Themenfeld ein wenig näherbringt. Ziel ist, eine Art Navigator bereitzustellen, der Sie begleitet und Ihnen die Augen für bestimmte Verhaltensweisen öffnet. Ziel ist nicht, Ihre Angst zu schüren und dafür zu sorgen, dass Sie in jedem einzelnen Menschen, dem Sie begegnen, eine Gefahr sehen. Ihnen wird im Verlauf der Lektüre klar, dass nur die Wenigsten eine körperliche Gefahr darstellen, sondern lediglich versuchen, mit ihrer Diagnose ein halbwegs normales Leben zu gestalten. Bleiben Sie während der Lektüre aufmerksam und reflektieren Sie den Inhalt. Nicht alles, was hier steht, kann allgemein auf jeden Menschen angewendet werden. Da kommt die Individualität eines jeden ins Spiel: Bekanntlich waren Menschen schon immer Menschen, aber sie sind nicht alle aus ein und demselben Holz geschnitzt, verstehen Sie? Im Leben lernt man viele Menschen kennen. Manche bleiben, manche gehen und Sie können bestenfalls früh genug abschätzen, wer zu welcher Sorte gehört. Individuelle Erlebnisse, das Bauchgefühl oder Gemeinsamkeiten und Unterschiede sind entscheidende Faktoren. Genauso zählt Ihre eigene Wahrnehmung dazu: Die Wunschvorstellung ist natürlich, dass Sie jedes einzelne Wort und jeden einzelnen Tipp auf diesen Seiten 1:1 übertragen können und dieser Ratgeber so den reinsten Glücksgriff für Sie darstellt. Er geht so neutral wie möglich mit einem so komplexen Thema um, aber es gibt nun einmal auch Situationen und Themen, die man schlecht neutral behandeln kann, wie zum Beispiel emotionalen Missbrauch durch Narzissten oder Stigmata, die mit der Psychiatrie zusammenhängen. Die hier festgehaltenen Ratschläge kreuzen Ihren Weg zu einem bestimmten Zeitpunkt in Ihrem Leben. Sie haben bis hier und jetzt viele Dinge erlebt, von denen einige vielleicht härter zugeschlagen haben als andere. Vielleicht haben Sie sich im Laufe Ihres Lebens auch jemanden gewünscht, der mit Ihnen und

Ihren Gefühlen etwas sanfter umgeht. Hoffentlich werden Sie diese für Sie so dringend notwendige Vorsicht in diesen Seiten finden und das Buch am Ende mit einem guten Gefühl schließen können, denn das ist das Ziel dieses Buches und seiner Ratschläge.

Persönlichkeitsstörungen im Überblick

Psychopathen vs. Soziopathen – Der Versuch einer Begriffserklärung

Weder das eine, noch das andere bezeichnet wirklich die Diagnose. Entsprechend sollten diese beiden (veralteten) Begriffe nicht leichtfertig oder gar synonym verwendet werden. Was die tatsächliche Diagnose darstellt, ist die Persönlichkeitsstörung. Diese ist tiefgreifend und beeinflusst das zwischenmenschliche Verhalten einer betroffenen Person. Sehen Sie die Persönlichkeitsstörung (ICD-Code: F60) als ein Spektrum, denn es gibt nicht *die eine,* sondern verschiedene Formen. Diese werden im Verlauf des Kapitels eingehend dargestellt. Zuerst ist allerdings eine Differenzierung der beiden Begriffe *Soziopath* und *Psychopath* notwendig. Es kommt leider allzu häufig vor, dass mit einem Begriff der andere gemeint ist. Wer nicht tagtäglich mit Psychologie oder Neurologie zu tun hat, kann nicht anders, als diese zu verwechseln. Da die Grenzen bei den Definitionen selbst in diesen Feldern zu verschwimmen scheinen, ist das nicht verwunderlich. Dennoch ist es wichtig, diese Bezeichnungen unterscheiden zu können, denn aus „Psychopathie" wurde unter anderem deswegen „Persönlichkeitsstörung", weil „Psychopath" im gängigen Sprachgebrauch als Beleidigung verwendet wird. Zuallererst folgt also der Versuch einer Begriffserklärung. Das dafür notwendige Hintergrundwissen finden Sie hier.

Die allgemein als „Soziopathie" bezeichnete antisoziale oder disso-ziale Persönlichkeitsstörung charakterisiert sich durch einen Mangel oder ein Desinteresse an sozialer Kompetenz beziehungsweise die Unfähigkeit, gesellschaftlich akzeptierte Signale entsprechend zu deuten und zu reflektieren. Mitgefühl oder ein schlechtes Gewissen gegenüber dem Leid anderer, das sie durch Kriminalität wie Betrug oder Gewalt sogar selbst verursacht haben könnten, ist ihnen fremd. Ein Grund dafür erschließt sich ihnen aber genauso wenig. Ge-sellschaftliche Normen werden verletzt, weil die Betroffenen diese meist einfach ignorieren. Konsequenzen wie Gefängnis? Egal. Diese Kombination zeigt sich auch in Form von impulsivem und schwer vorauszusehendem Verhalten. Eine antisoziale oder dissoziative Per-sönlichkeitsstörung zeigt sich im frühen Kindesalter: Betroffene quälen Tiere zum Spaß, mobben ihre Mitschüler und geben ihnen dann die Schuld an ihrem eigenen Verhalten. Das Leben wirkt in ihren eigenen Augen eintönig, deshalb versuchen sie sich so einen „Kick" zu verschaffen. Auch Drogenmissbrauch stellt einen solchen „Kick" dar. Eine andere Möglichkeit ist eine frühe kriminelle Kar-riere. Das kann unter anderem durch elterliche Gleichgültigkeit gegenüber positivem Verhalten des Kindes begünstigt werden. So speichert das Kinder-Gehirn ab, dass es nur bei auffallend negati-vem Verhalten übermäßig hart bestraft (= beachtet) wird.

Menschen mit einer antisozialen Persönlichkeitsstörung reagieren anders auf Darstellungen von Gewalt und weisen aufgrund eines niedrigen Serotoninspiegels eine höhere Gewaltbereitschaft auf. Die sogenannte Inselrinde ist für das Einfühlungsvermögen zu-ständig. Menschen ohne eine antisoziale Persönlichkeitsstörung reagieren mit Mitgefühl oder Ekel bei Gewaltdarstellungen. Da-gegen reagiert die Inselrinde bei Menschen mit einer antisozialen oder dissozialen Persönlichkeitsstörung kaum.

Was Soziopathen herausstechen lässt – nämlich der auffallende Mangel an Einfühlungsvermögen – nutzen Psychopathen, um ihr Umfeld durch Charme und Sprachgewandtheit zu blenden. Sie wissen, dass es bestimmte soziale Normen gibt, mithilfe derer man sich praktisch problemlos in einer Gesellschaft einfügen kann. Nur wer gegen diesen unterbewussten Strom schwimmt, fällt auf. Das wollen Psychopathen so gut es geht vermeiden. Einer der bekanntesten Psychopathen ist Ted Bundy. Der Serienmörder und -vergewaltiger (der gefasst werden konnte, weil er 1978 eines seiner Opfer, Lisa Levy, im Mordrausch gebissen hat) gilt als das Paradebeispiel eines solchen. Was Sie von jemandem wie Ted Bundy aufgrund seiner Taten nicht erwarten, ist, dass er sich in seinem Verfahren selbst verteidigte. Sein so dargestelltes, überhöhtes Selbstbewusstsein und manipulativ-charismatisches Auftreten beweinte der Richter nach seiner Verurteilung als „verschenktes Potential". Sie haben richtig gelesen: Der Richter fand, er wäre ein guter Anwalt geworden und ignorierte somit geflissentlich die Tortur, der Bundy seine Opfer im Zeugenstand aussetzte, als er die Studentinnen die Auffindesituation ihrer Kommilitoninnen oder seine Angriffe auf sie wiederholt schildern ließ. Dieses Verhalten bezeichnet der kanadische Kriminalpsychologe Robert Hare in seiner Psychopathie-Checkliste als „Erlebnishunger". So durchlebte Bundy die Tat also wieder und wieder, und übte Kontrolle über seine Opfer aus. Laut der klinischen Psychologin Dr. Ramani Durvasula lautet die Faustregel, um beide Formen der Persönlichkeitsstörung zu unterscheiden: Ein Soziopath wird erst durch negative, prägende Erlebnisse im Laufe seines Lebens zu einem solchen. Ein Psychopath wird als ein Psychopath geboren.

Der eine oder andere Psychopath: Ein Überblick nach Kurt Schneider

Laut dem deutschen Psychiater Dr. Kurt Schneider definiert sich ein Psychopath dadurch, dass sein Verhalten mehrfach von einem normativen Verhalten abweicht. Daher gibt es nach Schneider auch verschiedene Typen von Psychopathen. Diese Klassifikation ergab insgesamt zehn Persönlichkeitstypen. Hierbei sei gesagt, dass der Psychiater zwar eine eingehende Klassifikation geboten und sein Feld durch die klare Teilung von Psychologie und Psychopathologie sowie die Einteilung von Symptomen in Symptome ersten und zweiten Ranges langfristig geprägt hat, aber diese Erkenntnisse jeweils in den späten 1930er- und in den 1950er-Jahren erschienen sind. Bestimmte Begriffe könnten also ersetzt, erweitert oder ergänzt worden sein und würden in einem anderen Kontext angewandt werden. Außerdem gibt es, wie so oft in diesem Feld, auch Überschneidungen mit anderen psychischen Erkrankungen, wie einer Depression oder Angststörung oder der Alkohol-Krankheit. Trotzdem wird Schneider im Zusammenhang mit dem Thema „Persönlichkeitstypen" genannt, um die Komplexität dieser Diagnose und ihre Entwicklung noch einmal darzustellen. Dabei bezeichnen sogenannte „Symptome ersten Ranges" bestimmte Symptome, die mit einer hohen Hinweiskraft auf eine Diagnose deuten. Die „Symptome zweiten Ranges" sind Symptome, die nicht vorrangig mit der Diagnose assoziiert werden, aber auch ein Symptom dieser sein können.

1. **Der hyperthymische Typ**
    Der hyperthymische Psychopath ist sympathisch. Er lügt und betrügt, vermeidet aber Schwerstkriminalität. Kleine Übertretungen sind sein Metier. Er macht den Eindruck einer glücklichen, impulsiven Person. Das sind Eindrücke, die nicht auf

den ersten Blick auf einen Psychopathen schließen lassen würden. Dabei bezieht sich impulsiv hier nicht auf „spontan", sondern meint „streitlustig". Das Wort „hyperthymisch" setzt sich aus den griechischen Wörtern für „über" und „lebhaft" zusammen und bedeutet grob so viel wie „übermütig". Der hyperthymische Typ weist Ähnlichkeiten zur bipolaren Störung auf. Er kann diese Störung entwickeln, beziehungsweise es besteht in seinem Fall ein erhöhtes Risiko. Auch hier ist diese Störung nicht als allumfassender Begriff für ein einziges Krankheitsbild zu werten, sondern eher wie auf einem Spektrum zu sehen.

2. Der depressive Typ

Der depressive Typ ist laut Schneider jemand, der seine Gefühle gut verbergen kann. Dadurch, dass diese Menschen aufgrund ihrer depressiven Stimmung sehr empfindlich auf ihr Umfeld reagieren, erscheinen sie unsensibel. Heute bezeichnet man diese Form als eine paranoide Persönlichkeitsstörung, auf die im Verlauf dieses Kapitels noch intensiver eingegangen wird. Auch der depressive Typ kennt Paranoia, die seine Diagnose begleitet.

3. Der unsichtbare oder mit Selbstzweifeln behaftete Typ

Schneider unterscheidet hier zwischen dem sensiblen und zwanghaften Psychopathen. Der erste hadert damit, seine Gefühle auszudrücken beziehungsweise damit, sie zu benennen. Der zweite ist zwanghaft-obsessiv und obwohl sich das möglicherweise wie eine unheilvolle Kombination anhört, begeht dieser Typ nur selten Verbrechen. Heute würden Sie diesen Typen als einen von einer ängstlich-vermeidenden Persönlichkeitsstörung wahrnehmen.

4. Der fanatische Typ

Wenn man an einen Fanatiker denkt, so ist dieser völlig eingenommen von einer bestimmten Sache oder einem Ideal. Es klingt gefährlich, denn man scheint Fanatiker, wenn überhaupt, nur schwer umdrehen zu können und so ist dieser Begriff negativ behaftet. Ein Psychopath dieses Typs ist eher ein älterer Mann oder eine ältere Frau, aber auch dieser Typ begeht keine größeren Straftaten. Aus Gründen der Überzeugung sind es, wenn überhaupt, eher geringere oder kleinere Delikte.

5. Der geltungsbedürftige Typ

Dieser Typ wird von Schneider als jemand beschrieben, der sich profilieren will. Entsprechend lügt er auch viel und will das Bild, das er von sich für andere zeichnet, um jeden Preis aufrechterhalten. Der Geltungsdrang zeigt sich durch Prahlerei oder Exzentrik. Dadurch, dass der Geltungsdrang Betroffene zum Lügen animiert und sie ihre Emotionen auch vortäuschen, können sie keine aufrichtigen Beziehungen führen.

6. Der labile Typ

Der labile Typ würde heute als ein Mensch mit einer emotional-instabilen Persönlichkeitsstörung des Borderline-Typus bezeichnet werden. Er ist häufig süchtig und wird auch mit dem depressiven Typen verwechselt. Laut Schneider tritt dieser Typ entweder bei jungen oder sehr alten Menschen auf.

7. Der explosive Typ

Menschen dieses Typs sind laut Schneider oft Frauen unter dem Alter von 50 Jahren. Sie sind – dem Namen entsprechend – von explosivem Gemüt und können von einem Moment auf den nächsten überraschend aus der Haut fahren. Sie verhalten sich –

so der Psychiater weiter – beinahe kindisch und haben sehr wenig Selbstkontrolle.

8. Der gemütlose Typ

Diesen Typen bezeichnet Schneider als den Gipfel der Psychopathie, da er gewissenlos agiert und so auch vor Gewalttaten nicht zurückschreckt. Aber er betont auch, dass es gemütlose Typen gibt, die durchaus ein Leben führen können, ohne straffällig zu werden. Durch ihr geringes Selbstbewusstsein wirken sie nach außen hin oft distanziert oder gar mürrisch und antisozial. Das wäre heute als eine dissoziale oder antisoziale Persönlichkeitsstörung zu bezeichnen.

9. Der willenlose Typ

In diesem Typen sieht der Psychiater häufig junge Menschen als Mitläufer. Sie sind leicht zu beeinflussen und suchen nach Anerkennung. Eigentlich sogar nett und vernünftig, finden sich diese Typen häufig in Kreisen wieder, in die sie aufgrund von sozialem Druck aus ihrem Umfeld geraten sind. Heute könnte man das in etwa als eine dependente Persönlichkeitsstörung bezeichnen.

10. Der asthenische Typ

Asthenien bezeichnen Schwächen. Der Begriff stammt aus dem Griechischen. Entsprechend können Sie sich vorstellen, dass der asthenische Typ laut Schneider sehr genau auf seine Schwächen achtet, seien es körperliche oder geistige. Daher verortet der Psychiater den asthenischen Psychopathen immer häufiger in einem Krankenhaus. Heute würden Sie diesen als einen Hypochonder bezeichnen. Diese somatoforme Störung ist die extreme Angst vor Krankheiten, wie etwa Krebs. Als solche haben Betroffene also mit körperlichen und wahrscheinlich durch die Angst und den Stress bedingten Symptomen zu kämpfen, die sich aber keiner Diagnose zuordnen lassen. Das wiederum verstärkt diese Form der Angststörung nur. Wider Erwarten kann es auch sein, dass Betroffene Ärzte und Arzttermine gänzlich vermeiden, aus Angst, dass bei einem solchen Termin eine unheilbare oder eine Krankheit mit schwerem Verlauf diagnostiziert wird. Außerdem fokussieren sie sich manchmal auch auf lediglich ein bestimmtes Organ, wie die Lunge, und beschäftigen sich dann eingehend damit oder – besser gesagt – beobachten es genau. Der Grad oder die Ausprägung dieser somatoformen Störung hängt ebenfalls eng damit zusammen, wie stark die betroffene Person dazu neigt, sich über etwas Bestimmtes Sorgen zu machen oder sich „hineinzusteigern". Betroffene wünschen sich beruhigenden Zuspruch, weshalb Hypochondrie zum Beispiel auch in Verbindung mit einer Zwangsstörung, Depressionen oder einer generalisierten Zwangsstörung auftreten kann. Wenn es in der Familie bereits Fälle von Hypochondrie gab, so besteht ein erhöhtes Risiko dafür, es selbst zu entwickeln. Es kann ebenfalls sein, dass ein gewisses Verständnis für Körperfunktionen fehlt und die Ungewissheit so überhandnimmt. Es gibt einige Faktoren, die diese somatoforme Störung begünstigen, aber es kann auch Phasen im Leben von Betroffenen geben, in denen sie überhaupt keinen zwanghaften Drang verspüren, ihren Körper auf Symptome zu untersuchen.

Die narzisstische Persönlichkeitsstörung

Die narzisstische Persönlichkeitsstörung ist wahrscheinlich die bekannteste Diagnose. Wenn Sie sich einen Narzissten vorstellen, wirkt dieser selbstverliebt und platziert sich gern in der Opferrolle. Sein eigentlich geringes Selbstwertgefühl kaschiert er gekonnt durch Überheblichkeit. Alles, was zu seinem Nachteil geschieht, ist niemals seine eigene Schuld. Das hohe Maß an Misstrauen erschwert es einem Narzissten, eine Beziehung einzugehen und diese durch Treue und Wertschätzung dem Partner gegenüber auch zu halten. Wenn überhaupt, möchte er durch diese Beziehung seinen Selbstwert „aufpolieren" und gibt die Kontrolle daher auch nicht ab. Sein Drang nach Anerkennung und Bewunderung verleitet ihn dazu, auf Flirts oder andere Formen der Aufmerksamkeit und Zuwendung einzugehen. Vor allem dann, wenn der offene Narzisst seine Wünsche in der derzeitigen Beziehung nicht befriedigt sieht.

Ein Narzisst ist jedoch nicht zwingend ein Psychopath. Andersherum verhält sich ein Psychopath aber durchaus narzisstisch. Auch hier unterscheidet Dr. Ramani Durvasula: Durch die tiefgreifende Persönlichkeitsstörung hat ein Narzisst zwar Probleme mit der Selbstwahrnehmung und kann aufgrund seiner Arroganz und Ignoranz anderen gegenüber keine anderen Signale aus seinem Umfeld aufnehmen. Jedoch ist ein Narzisst dazu in der Lage, Schuldgefühle und somit ein schlechtes Gewissen zu verspüren. Ein Narzisst ist sehr auf sein öffentliches Ansehen bedacht und giert nach Anerkennung. Er möchte nach außen hin ein bestimmtes Image präsentieren und es gefällt ihm nicht, wenn schlechte Entscheidungen einen Riss in diesem perfekten Bild zur Folge haben. Durvasula beschreibt diese Scham als eine „öffentliche Emotion". Da ein Narzisst also auf die Reaktionen, die seine falschen Entscheidungen in seinem Umfeld hervorrufen, keinen Einfluss ausüben und sie somit nicht kontrollieren kann, ist er kein großer Fan von Schuld- und Schamgefühl. Einem Psychopathen hingegen fehlt die Fähigkeit, diese Gefühle überhaupt zu empfinden. Obwohl er also alle Merkmale eines Narzissten aufweisen kann, unterscheidet er sich von diesem in dem einen und zentralen Punkt.

Die narzisstische Persönlichkeitsstörung zeigt sich ebenfalls in drei verschiedenen Formen oder Subtypen.

Der grandios-maligne Narzissmus

Diese Form des Narzissmus gilt als eine explosive Mischung aus Paranoia, Aggression und antisozialem Verhalten. Man kann diese auch als „Größenwahn" beschreiben. Das Wort „maligne" von „Malignität" beschreibt medizinisch die Bösartigkeit dieses Subtyps. Betroffene können zu einer Gefahr für die Gesellschaft werden, weil sie sozusagen in jedem einen Feind sehen, der ihre großartige Meinung von sich selbst oder ihren Entscheidungen nicht teilt.

In der Weltgeschichte finden Sie Adolf Hitler und Joseph Stalin als grandios-maligne Narzissten wieder, was nicht überraschend ist. Einer erschoss sich, anstatt seine Niederlage und die Konsequenzen anzuerkennen, und der andere verstarb nach einem Hirnschlag und dem darauffolgenden Herzversagen elendig und Tage später in seinem eigenen Zimmer, weil er inzwischen so paranoid geworden war, dass seine Leute eine solche Angst vor Konsequenzen entwickelt hatten, dass niemand sein Büro betrat, um ihm zu helfen. Nur, damit Sie sich das Ausmaß dieser Konsequenzen vorstellen können: Allein für eine Störung des Diktators in seinem Zimmer drohte der Gulag oder der Tod. Auch die besten Ärzte der Sowjetunion konnten Stalin in seiner Not nicht mehr helfen, denn die hatte er als Folge seiner „Ärzteverschwörung" alle inhaftieren lassen. So endete die Regentschaft dieses grandios-malignen Narzissten: Bei Bewusstsein, aber der Sprache unfähig und auf seinem Teppich liegend. Sein Pyjama eingenässt und er selbst in den Köpfen seines innersten Kreises zu einem solchen Tyrannen geworden, dass diese auch in seinen letzten Stunden jeden nur möglichen Fehler vermeiden wollten.

Der vulnerabel-fragile Narzissmus

Dieser Subtyp ist eine Darstellung des „verdeckten" Narzissmus. Betroffene sind ängstlich, sogar schüchtern und neigen dadurch zu Depression. Ihr Selbstwertgefühl ist ebenfalls gering und Empathie gehört nicht zu ihrem Repertoire. Weil sie sehr schlecht mit Kritik umgehen können, stürzen sie schnell in Sinnkrisen und reagieren darauf entsprechend empfindlich. Misserfolge, Zurückweisung oder auch nur ein ernstes Wort sind genug. Aufgrund der Depression sucht ein hypersensibler und vulnerabel-fragiler Narzisst aber häufiger therapeutische Hilfe auf als die anderen Subtypen. Diese gefährliche Kombination aus Hypersensibilität, depressiven Tendenzen und Empathielosigkeit kann bei Kritik sogar im Suizid einer betroffenen Person resultieren.

Vulnerabel-fragile Narzissten können Wohltätigkeit dazu nutzen, sich selbst als aufopfernde, altruistische Menschen zu präsentieren. Sie rücken sich selbst so ins beste Licht, damit sie von ihrem Umfeld für ihre Taten bewundert werden. Selbst die eigenen Kinder sind vor dieser Selbstdarstellung nicht gefeit und müssen dazu beitragen, dass alles entsprechend zum Bilderbuch-Image passt. Wenn Sie einen solchen Narzissten sprechen hören, so beschreibt er häufig seine zahlreichen Facetten und wie viel Arbeit er in seine Leidenschaft investiert hat oder wie sein Talent von den Großen dieser Welt übersehen wird. All seine Mühen sind umsonst, denn die Leute wissen nicht, was ihnen entgeht und er kann ihnen nicht helfen, es besser zu sehen. Dieser Subtyp nutzt die Opferrolle geschickt, um der Welt die Schuld an seinem eigenen Versagen zu geben. In seiner Wortwahl steckt immer eine gewisse Arroganz. Er wird die Schuld niemals bei sich suchen und alles immer so formulieren, dass diese in seinen Augen auch nicht bei ihm zu finden ist. Aufgrund der Depressionen als Teil des vulnerabel-fragilen Narzissmus werden Betroffene in erster Linie wegen Depressionen behandelt. Dass es sich um „verdeckten" Narzissmus handelt, wird erst deutlich, wenn zwar die Depression wieder zurückgegangen ist, das inszenierte Selbstmitleid und die tragische Wortwahl aber immer noch präsent sind.

Keine Sorge: nicht jeder Freund, der sich bei Ihnen ausheult, ist ein Narzisst. Der Unterschied zwischen einem „verdeckten" Narzissten und einem Freund, der tatsächlich nur Zuspruch und Ermutigung benötigt, wird schnell erkennbar, wenn Sie genau hinhören. Inwiefern sind Ihrem Freund sein eigenes Handeln und die daraus entstandenen Folgen bewusst? Ist er bereit, es im Fall eines Misserfolges erneut zu versuchen und sich zu verbessern? Oder hören Sie nur, dass so vieles hätte besser laufen können, wenn jemand anderes seine Arbeit besser gemacht hätte? Genau deshalb ist vulnerabel-fragiler Narzissmus gefährlich: Man erkennt diese Form – wenn überhaupt – erst auf den zweiten Blick als die Persönlichkeitsstörung.

Der exhibitionistische Narzissmus

Dieser Subtyp wird auch als „offener" Narzissmus bezeichnet, weil er praktisch unübersehbar ist. Es gibt niemanden, der großartiger, besser und konkurrenzloser ist als der exhibitionistische Narzisst. Der Unterschied zum gesunden Wettbewerbsdenken liegt hier im Verhalten anderen gegenüber: Er lässt niemanden an sich heran und ist offen arrogant und kühl. Die eigene Großartigkeit verdeckt hier ebenfalls ein geringes Selbstbewusstsein, weshalb Betroffene auf den ersten Blick vielleicht sogar schüchtern und zurückhaltend wären, würden sie das nach außen hin auch tatsächlich zeigen. Es zeigt sich erneut ein Wunsch nach Kontrolle über ihre Wirkung und den Eindruck auf andere. Das Bild, das exhibitionistische Narzissten von sich kreieren, ist das einer One-Man-Show: Ihr Selbstwert definiert sich also durch die Aufmerksamkeit, die sie für ihre selbsterdachte Großartigkeit bekommen.

Es soll einen Unterschied zwischen „männlichem" und „weiblichem" Narzissmus geben. Etwa 75 % der Betroffenen mit narzisstischer Persönlichkeitsstörung sind Männer, weshalb diese Persönlichkeitsstörung als eine „Männer-Krankheit" gehandelt wird. Aber auch bei Frauen mit narzisstischer Persönlichkeitsstörung ist die Diskrepanz zwischen Selbstwertgefühl und dem Image, das sie nach außen tragen möchten, groß: Besonders Kinder werden instrumentalisiert, um dazu beizutragen und so erfahren Kinder von Müttern mit dieser Persönlichkeitsstörung entweder kaum Aufmerksamkeit oder nur dann übermäßige, wenn es für das Image der Mutter von Vorteil ist. Es kristallisieren sich jedoch Gemeinsamkeiten zwischen „männlichem" und „weiblichem" Narzissmus heraus, wie Sie sehen. Deshalb ist eine Grenze zu ziehen vielleicht gar nicht notwendig. Falls Sie jetzt übrigens glauben sollten, dass die narzisstische Persönlichkeitsstörung eine Volkskrankheit ist, seien Sie beruhigt: In der Allgemeinbevölkerung liegen die Zahlen zwischen 0,8 und 6,4 %. Vermutlich, weil eine solche Diagnose nicht leichtfertig gestellt wird.

Exkurs: Narzissten vs. Egozentriker

Aber wo genau liegt der Unterschied zwischen einem Narzissten, wie er in den oberen Kapiteln dargestellt wird, und einem Egozentriker? Oder gibt es überhaupt einen Unterschied?

Nein, Narzissten und Egozentriker sind nicht ein und dasselbe. Bis zu einem gewissen Grad sind alle Menschen narzisstisch oder egozentrisch veranlagt, jedoch gibt es deutliche Unterschiede zwischen „gesellschaftlich akzeptabel" und „krankhaft." In erster Linie ist festzustellen, dass es sich bei Egozentrismus nicht um eine medizinische Diagnose handelt. Es ist eine Denkweise. Eine Denkweise, die sich vorrangig durch eine kognitive Voreingenommenheit definieren lässt. Denken Sie an ein Kind, das die Welt aus der eigenen Perspektive zu verstehen lernt: Es ist noch nicht reif genug dafür, sich andere Perspektiven anzueignen, weil es gerade noch selbst dabei ist, durch die Welt zu tapsen. Erst wenn das Kind älter wird, lernt es, sich besser mitzuteilen und nach Ähnlichkeiten zu suchen, indem es sich anderen öffnet. In etwa so beschreibt es der Schweizer Psychiater Jean Piaget. Dieser unterteilte die Entwicklung von Kindern in vier Stadien, von denen die „kindliche Egozentrik" zum zweiten von insgesamt vier Stadien gehört. Dieses endet, sobald das Kind die Sprache erworben hat. Jean Piaget forschte im 20. Jahrhundert maßgeblich zu diesem Thema, sodass seine Bibliographie bis heute als unverzichtbar im Bereich der Pädagogik angesehen wird. Die von ihm definierte „kindliche Egozentrik" verwächst sich also gewissermaßen, je mehr das Kind lernt und je älter es wird. Allerdings ist das bei Egozentrikern weniger der Fall.

Es ist praktisch so, als hätten sie das Memo nicht bekommen, weshalb diese kognitive Voreingenommenheit bestehen bleibt, auch wenn sie schon erwachsen sind. Im Vergleich zu Narzissten sind Egozentriker zumindest nicht dermaßen anspruchsvoll, was ihre Wirkung nach außen hin anbetrifft. Sie sind auch nicht von vornherein manipulativ und erreichen ihre Ziele nicht auf diesem Weg. Außerdem ist die kriminelle Energie (beziehungsweise Neigung) bei Egozentrikern nicht so ausgeprägt oder gar nicht vorhanden. Sie könnten unreif oder kindisch wirken, weil sie die Welt eben so auslegen, dass die Egozentriker am Ende recht behalten. Egozentriker begreifen – schlicht gesagt – nicht oder nur schwer, dass man eine andere Meinung haben kann als sie selbst. In ihrer Denkweise gibt es nur eine einzige richtige Meinung und das ist nun mal ihre eigene, obwohl sie mit dieser Sicht auf die Dinge keine bösen Absichten haben, sondern sie sind einfach voreingenommen und suchen einen Weg für Anerkennung und Bestätigung.

Bodo K. Unkelbach, Psychiater und Chefarzt der *Klinik für Suchtmedizin und Psychotherapie im Zentrum für Seelische Gesundheit* Marienheide, erklärt die Wahrnehmung eines Egozentrikers in einem Interview mit süddeutsche.de von 2016 so: „[...] Während ein Normalmensch vor 50.000 Zuhörern im Publikum am liebsten im Boden versinken würde, heizt diese Kulisse den Egozentriker erst richtig an. Er wird zur Rampensau und das Publikum ist wie elektrisiert." Das ist eine der positiven Eigenschaften, die ein Egozentriker haben kann. Die Aufmerksamkeit liegt in diesem Szenario gänzlich auf dem Egozentriker und er fühlt sich in seiner Wahrnehmung bestätigt. Unkelbach betont außerdem, dass ein entscheidender Faktor für eine eventuelle Suchterkrankung darin liegt, ob der Egozentriker selbstreflektiert ist oder nicht: Ist dem nämlich nicht so, versucht er die Anerkennung, die er sich wünscht, in jedem Fall zu bekommen und ist frustriert, wenn der gewünschte Effekt nicht eintritt. Um diesen Frust dann zu mindern und sich von ihm abzulenken, greift er zu Suchtmitteln, die dafür sorgen, dass eine Konfrontation mit dieser Unzufriedenheit nur unterbewusst stattfinden kann, wenn überhaupt. „In der Behandlung nehmen dann wieder Gespräche über Selbstliebe und tiefe und vertrauensvolle Beziehungen einen wichtigen Platz ein."

Wie im Kapitel zuvor eingehend erläutert, geht ein Narzisst im Vergleich zum Egozentriker gleich in die Verteidigungshaltung über, weil er das Gefühl hat, ständig angegriffen zu werden. Es könnte sogar sein, dass er sozusagen „vorsichtshalber" ein paar Stiche verteilt, weil er einen eigentlich neutralen Kommentar als einen Angriff wahrgenommen hat. Narzissten und Egozentriker haben Gemeinsamkeiten und Unterschiede, allerdings wird der Letztere kaum so stark mit einem „Psychopathen" assoziiert wie der Erstere. Dabei zählen, genau genommen, Egozentriker auch zu Psychopathen.

Narzissten im Beruf

Da Sie sich jetzt in etwa vorstellen können, wie Narzissten die Welt um sich herum sehen: In welchen Berufsfeldern sehen Sie sie? Ist es der Arzt? Der „Gott in Weiß", der sich genau genommen in einer Machtposition befindet und dem nicht widersprochen werden kann? Ist es der Politiker, der manchmal sogar für ein ganzes Land Entscheidungen treffen muss? Der Manager, der Bankier, der Künstler? Dann lägen Sie mit diesen Berufsfeldern gar nicht so falsch: Laut Unkelbach ist bei Menschen in diesen Positionen „ein erhöhtes Maß an Narzissmus festzustellen." Aber das ist nicht gerade überraschend, wenn man bedenkt, inwiefern sich Narzissten von anderen unterscheiden, die diese Eigenschaft nicht teilen. Narzissten kennen ihre Ziele und arbeiten unbeirrt genau darauf hin. Ein kleiner Vorteil für diese Personengruppe ist dieser fast schon „eiserne" Fokus. Außerdem zeigt es auf, dass Sie Narzissten vielleicht sogar mal über den Weg gelaufen sein könnten, ohne es zu realisieren. Immerhin wird eine solche Diagnose, wie ebenfalls bereits erwähnt, nicht leichtfertig gestellt. Allerdings passen Narzissten auch gut in Berufe, in welchen sie sich eine Machtposition sichern können. Dabei kann sich ein Narzisst sogar einen weiteren Vorteil verschaffen, wenn er es schafft, seine Kränkbarkeit zu Feinfühligkeit umzuschulen, so der Psychiater weiter.

Ein Beispiel für einen Narzissten in einer Machtposition, wie in etwa als Investment Banker an der Wall Street, ist der fiktive Charakter Patrick Bateman aus Bret Easton Ellis' *American Psycho* (1991). Wer den gleichnamigen Film (2000) mit Christian Bale in der Hauptrolle kennt, weiß, dass der Schauspieler den Titel des Buches passend verkörpert. Dabei ist Patrick Bateman nicht „nur" Narzisst, Serienkiller und Psychopath, sondern er ist auch schizophren, zwangsgestört und bipolar. Als Investment Banker an der Wall Street ist er einen hohen Lebensstandard gewöhnt, wobei seine Wohnung und sein Auftreten für die Außenwelt stets penibel sauber sind. Seine gewaltvollen und mörderischen Fantasien sind Teil einer Natur, die er nicht zu verbergen versucht. Im Gegenteil: Er gibt diesen Fantasien nach und tötet im Verlauf des Films 20 Menschen auf brutalste Art und Weise. Sein soziales Umfeld, sein Beruf und sein Lebensstil spiegeln die beinahe größenwahnsinnige Selbstwahrnehmung Batemans wider, sodass er sich in seiner Position sicher fühlt und nicht zweimal darüber nachdenkt, ob er eine weitere moralische Grenze überschreiten soll oder nicht. Das (Negativ-)Beispiel dieser fiktiven Figur zeigt, dass psychische Störungen parallel existieren oder ineinander übergehen können. Es kann also vorkommen, dass jemand nicht „nur eine" psychische Störung entwickeln kann, sondern auch mit mehreren gleichzeitig geschlagen ist. Das Bateman-Beispiel ist außerdem noch ein sehr extremes, weshalb hier auch so oft wiederholt wird, dass er nicht in der Realität existiert.

Könnte es sogar sein, dass die Vorstellung eines Wahnsinnigen und Psychopathen in den Köpfen vieler Menschen immer noch mit dieser Darstellung eines Charakters wie Patrick Bateman verknüpft ist? Oder haben Sie einmal darüber nachgedacht, wie für Sie ein Psychopath und Narzisst überhaupt aussieht?

Narzissten als Eltern

Eltern mit einer narzisstischen Persönlichkeitsstörung zu haben, ist schwer. Es ist eine Erfahrung, die einige Menschen sogar für den Rest ihres Lebens mit sich tragen. Vor allem, weil es meist einige Zeit dauert, bis man selbst versteht, dass die Eltern oder ein Elternteil mit dieser Persönlichkeitsstörung versehen sind/ist. Und danach muss man lernen, mit den Erlebnissen und ihren Folgen auf eine gesunde Art umzugehen und sich mit seinen Gefühlen auseinanderzusetzen. Vor allem, weil Eltern oder Elternteile mit einer narzisstischen Persönlichkeitsstörung jeden Versuch, dieses Thema gemeinsam anzugehen, als einen persönlichen Angriff sehen. Wie soll man als Kind in einem solchen Umfeld also lernen, dass die eigenen Gefühle – egal ob jetzt gute oder schlechte – vollkommen legitim sind und nicht davon herrühren, dass man selbst etwas „falsch" gemacht hat? Einer der Gründe, warum Kinder solcher Eltern im Erwachsenenalter Schwierigkeiten haben – und das in verschiedenen Bereichen ihres Lebens – ist die grundlegende

Annahme, dass die Eltern bestimmt recht haben. Welches Kind glaubt schließlich nicht, dass die eigenen Eltern die Besten sind? Vor allem zu einer Zeit, in der sich die eigene Persönlichkeit noch entwickelt und man sein eigenes Verhalten an das Vorbild der Eltern anlehnt. Sie haben es so gemacht, also wird das schon passen, oder nicht? Sobald man allerdings realisiert, dass man die Eltern für ihr Verhalten nicht konfrontieren kann und sie dann nicht motiviert genug sind, daran zu arbeiten und sich zu verbessern, setzt ein völlig neuartiger Prozess der Abnabelung ein: Die Arbeit am eigenen Selbstwert und der harten Übung darin, sich selbst zu priorisieren, wenn man es eigentlich nie wirklich gelernt hat. Schuldgefühle sind während dieses Heilungsprozesses ein Begleiter, der kommt und geht. Mal bleibt er länger, mal ist er an guten Tagen überhaupt nicht vorhanden. Aber er ist schließlich nicht ohne Grund ein ständiger Begleiter.

Narzisstische Eltern: Die Mutter

Die Rolle einer Mutter, wie sie in den Köpfen der meisten Menschen verankert ist, ist liebevoll, geduldig, sanftmütig, freundlich und wunderschön. All das sind Eigenschaften, die gar nicht in Betracht zu ziehen scheinen, dass es auch anders gehen kann. Eine narzisstische Mutter klingt wie das komplette Gegenteil des soeben beschriebenen Idealbildes. Für sie ist das eigene Kind eine Möglichkeit, sich selbst nach außen hin darzustellen. Sie kann keine gesunde und auf Empathie basierende Mutter-Kind-Bindung fördern, weil ihre Welt sich nicht um das Kind dreht, sondern um ihr Selbstbild und inwiefern sie sich für ihre Umwelt inszenieren kann. Das Kind wächst mit Anforderungen auf, die es erfüllen muss, um Liebe und Zuneigung zu erfahren. Erfüllt es diese Anforderungen nicht, so sind Liebesentzug und „die kalte Schulter" die Strafe dafür, wenn nicht sogar ein plötzlicher Wutausbruch, den das Kind dann selbstverständlich nicht einordnen kann. Sobald das Kind allerdings älter wird und sich im Jugendalter selbst ausprobieren, Grenzen austesten und neue Erfahrungen machen will, greift die narzisstische Mutter zu anderen Mitteln, um diese Wandlung ihres Kindes zu unterdrücken, zu übergehen oder gar offen und gänzlich zu missbilligen. Das geschieht meist durch passiv-aggressive Sprüche, wie „Also, wenn du mich lieben würdest, dann ..." oder „Wenn ich du wäre, würde ich in dem Aufzug nirgendwo hingehen ..." oder „Diese Haarfarbe steht dir überhaupt nicht." Besonders die Beziehung zwischen einer narzisstischen Mutter und ihrer Tochter wird angespannter, je älter die Tochter wird. Dann sieht ihre Mutter sie nämlich als ihre ärgste Konkurrentin um die Aufmerksamkeit ihres Umfeldes. Auf eine andere Art und Weise, als die eigene Tochter wiederholt schlechtzureden und mit passiv-aggressiven Kommentaren ihr Selbstbewusstsein zu schädigen, kann sie sie nicht kleinhalten und keine Kontrolle über sie ausüben. Die Botschaft, die die Tochter so erhält, sitzt tief: *Ich darf nicht so sein, wie ich bin.* Daher haben Töchter narzisstischer Mütter häufig mit Problemen zu kämpfen, was Selbstwahrnehmung, Selbstwertgefühl und vor allem Selbstliebe angeht.

Bei Söhnen mit einer narzisstischen Mutter ist das hingegen ein wenig anders. Hier versuchen die Mütter, ihre Söhne solange es geht an sich zu binden. Für das Studium etwa in eine andere Stadt zu ziehen, das wird Söhnen mit einer solchen Mutter schwerfallen. Sie wird ein Bild zeichnen, das den Sohn in jedem Fall von seiner Entscheidung abbringt: Wie einsam die Mutter ohne ihn sein wird oder wie sehr sie ihn doch brauche und warum er wegziehen müsse, wenn es in der Nähe auch Möglichkeiten gibt, zu studieren usw. Ist es eines Tages soweit und der Sohn bringt eine Partnerin nach Hause, um sie seiner Mutter vorzustellen, so greift in diesem Szenario das narzisstische Konkurrenzdenken: Die narzisstische Mutter glaubt, sich die alleinige Aufmerksamkeit ihres Sohnes von seiner Partnerin „zurückholen" zu müssen. Was die Partnerwahl betrifft, so suchen sich die Söhne narzisstischer Mütter damit häufig das, was sie während ihrer Erziehung nicht kennenlernen durften: Eine fürsorgliche Mutter, die sie liebt. Es kann allerdings auch sein, dass die narzisstische Mutter ihren Sohn sexualisiert und sich ihm gegenüber beispielsweise aufreizend kleidet oder verhält. Dieser „emotionale Inzest" ist für die Söhne sehr verwirrend, denn die ödipalen Triebe, die sich im Falle einer gesunden Beziehung zwischen Mutter und Sohn nicht bis zu diesem Punkt entwickeln können, werden durch das Verhalten der narzisstischen Mutter ermutigt. Im späteren Leben haben die Söhne dann den Gedanken gefasst, dass Liebe immer an bestimmte Bedingungen geknüpft ist, die im Austausch für Zuneigung erfüllt sein müssen. Das Konzept ihres Selbst entwickelt sich anders, vor allem dann, wenn der Vater abwesend ist und die Mutter den Vater in der entscheidend prägenden Phase seines Lebens kontinuierlich kleinmacht und schlechtredet. Die Verbindung, die der Sohn dann auf diese Weise zur narzisstischen Mutter entwickelt, fundiert auf dem Gedanken, dass der Vater ein Versager ist und die Mutter den Sohn mehr liebe als ihren Mann. Um Platz 1 im Leben ihres Sohnes zu behalten, schreckt sie auch nicht davor zurück, durch Manipulation seine Partnerin aus seinem Leben „rauszuekeln" und das damit zu begründen, dass schließlich niemand gut genug für ihren Sohn sein kann. Niemand, außer vielleicht der Mutter selbst.

Narzisstische Eltern: Der Vater

Der narzisstische Vater scheint eine Art Königsdisziplin zu sein. Die Vaterfigur kommt in den meisten Familien selten gut weg. Ein abwesender oder einfach schlechter Vater ist heutzutage nichts Ungewöhnliches, genauso wenig wie geschiedene Eltern. Man könnte sogar sagen, dass eine solche Vaterfigur gesellschaftlich eher akzeptiert ist als eine solche Mutter. Das Trauma, das dadurch entsteht, wird als „Daddy Issues" bezeichnet, wobei suggeriert wird, dass das verlassene Kind die Last eines solchen Schicksals allein schultert. Ein narzisstischer Vater ist in dieser Konstellation ein zusätzliches Gewicht. Typisch narzisstisch, steht der Vater in seinen Augen im Mittelpunkt und hebt seine großartigen Taten hervor und ignoriert dabei geflissentlich, dass er sein Kind oder die Mutter seines Kindes schlechtmacht. Aufgrund dieser Annahme der Großartigkeit reagiert der narzisstische Vater extrem emotional in jeder Hinsicht, wenn dieser Annahme widersprochen wird oder er anderweitig auf Widerstand stößt. Er kann Kritik nicht annehmen, denn er versteht nicht, woher sie kommt – er ist schließlich so toll! Übermäßige Wut, Traurigkeit oder Kränkung sind beim kleinsten Knacks im Selbstbild des Narzissten durch andere – egal ob Familie oder nicht – die Folge. Außerdem neigt der narzisstische Vater dazu, Menschen in seinem Umfeld auszunutzen und sie um Gefallen zu bitten. Diese Gefallen sind stets zu seinem Vorteil und so kann es sein, dass sich der Grund für den Anruf eines narzisstischen Vaters offenbart, sobald er versucht, das Thema rund um den Gefallen beiläufig anzusprechen. Natürlich verspricht er, sich für diesen Gefallen zu revanchieren, aber dieses Versprechen wird nicht eingelöst. Zudem lebt der narzisstische Vater in einer Welt, in der er sich seines Beitrages zu gewissen Problemen, seiner Fehler und seines toxischen Verhaltens gar nicht bewusst ist oder diese eben bewusst ignoriert. Es sind immer die anderen schuld an seiner Misere. Nie er selbst. Er hatte ein hartes Leben, er arbeitet so hart für seine Familie und hat deswegen so wenig Zeit oder andere Gründe, die das angeblich bestätigen. Da Narzissten darauf bedacht sind, in ihrem Umfeld ein positives Bild zu hinterlassen, unterscheidet sich das Verhalten des Vaters in der Familie und hinter verschlossenen Türen stark von dem Verhalten, das er beispielsweise an den Tag legt, wenn er mit seiner Familie draußen unterwegs ist. Wie Dr. Ramani Durrvasula zuvor beschrieb, ist Scham eine „öffentliche" Emotion, die ein Narzisst nicht kontrollieren kann und die ihm deshalb nicht gefällt. Aus diesem Grund ist seine Familie außerhalb des heimischen Umfelds eine Vorzeigefamilie: Die Kinder sind gut in der Schule und engagieren sich zusätzlich in Gruppen nach Schulschluss oder sie sind sportlich aktiv. Die Partnerin ist eine gute Ehefrau und Mutter und seine Familie sein ganzer Stolz. Zu Hause dagegen ist die Ehefrau nicht gut genug – sie ist nicht schön genug, nicht dünn genug, sie kann dies und das nicht, und warum braucht sie überhaupt Freunde, wenn sie ihren Ehemann hat? Wozu braucht sie ein eigenes, unabhängiges Privatleben? Was reicht ihr nicht? Warum will sie noch mehr? Die Kinder sind dumm, wenn sie „einfache" Sachen wie ihre Hausaufgaben nicht verstehen oder sie sehen dämlich aus, wenn ihnen gerade die Milchzähne ausfallen und die bleibenden Zähne nachwachsen oder sie sehen aus irgendeinem anderen Grund, der merkwürdigerweise immer mit dem Äußeren zusammenhängt, schmutzig aus. All das sind Punkte, die auch auf die Außenwelt wirken können, was der narzisstische Vater natürlich in den Vordergrund stellt. Dass die Kinder bleibende Schäden an ihrem Selbstbild davontragen, ist aber nicht die Schuld des Vaters. Meist haben die Kinder später im Erwachsenenalter übermäßig hohe Ansprüche an sich selbst, weil sie dem Vater aus Gründen nie genügen konnten, die sie manchmal sogar bis heute nicht verstehen. Da der Vater im Leben des Kindes allerdings das erste Männerbild ist, lernt es von Anfang an, sich entweder dem Vater anzupassen, damit dieser es nicht als Konkurrenz ansieht oder es wird sich den Rest seines Lebens fragen, warum es nicht gut genug war. Es dauert lange, bis man realisiert, dass der Begriff „Narzisst" bei einem solchen Vater durchaus angebracht ist. Wirklich wichtig dabei ist, auf Aussagen wie „Er war immer schon anspruchsvoll" oder „Er war schon immer so drauf" oder „Er hat uns immer gepusht!" zu achten. Wie oft kommt das Wort „immer" vor, wenn man über den Vater und seine Ansprüche an das Kind spricht? Dr. Durvasula betont, dass man nicht zwingend ein Label benutzen muss, aber trotzdem realisieren kann, dass der Vater als Elternteil seine narzisstischen Charakterzüge hat. Wie außerdem noch gesagt, sind solche Diagnosen nicht leichtfertig zu stellen, aber solche Aussagen können für Betroffene ruhig ein Indikator sein.

Narzissten als Partner

Zur Verdeutlichung, dass das Thema Narzissmus nicht mit 100%iger Neutralität behandelt werden kann, steht der narzisstische Partner in diesem Kapitel im Fokus. Menschen, die eine Beziehung mit einem narzisstischen Partner führen oder geführt haben, tragen ebenfalls nachhaltige Schäden davon. Es ist wichtig, klarzumachen, dass sie keine Schuld an dem tragen, was ihnen widerfahren ist. Ihr Partner als Narzisst hat für den Zeitraum der Beziehung auf sie eingewirkt, um sie seinen Vorstellungen entsprechend zu formen. Mit einem narzisstischen Partner kann man nicht offen über seine Gefühle reden. Selbst wenn, schneidet man sich damit eher ins eigene Fleisch, als ihm oder der Beziehung zu helfen. Denn der Narzisst wird die Dinge so verdrehen, dass es wirkt, als sei man selbst schuld an dem, was das eigentliche

Problem ist. Nicht zu vergessen sind dabei Techniken wie „die kalte Schulter" oder „Anschweigen" oder anderweitige Formen des Liebesentzuges. Bis man sich schlecht genug fühlt, dass man sich bei seinem narzisstischen Partner entschuldigen will, damit dieses Verhalten endlich aufhört. Auffällig ist der Unterschied zwischen Unterhaltungen mit anderen Freunden und dem Narzissten: Freunde, bei denen man sich wohlfühlt und mit denen man offen reden kann, ohne ein schlechtes Gewissen für seine Gefühle zu haben, sind ein hohes Gut. Menschen, die sich in einer Beziehung mit einem Narzissten befinden, erkennen den Unterschied in diesem Gefühl und dem, was sie in Gegenwart des Narzissten verspüren, sofort. Ein weiteres Merkmal dieser toxischen Beziehung ist Gaslighting. Diese Manipulationstechnik erhielt ihren Namen von dem US-amerikanischen Film *Gaslicht* (1938) und sorgt dafür, dass der Betroffene seine eigenen Gedanken und Taten infragestellt. Der narzisstische Partner verunsichert ihn, indem er beispielsweise die Tür wieder öffnet, obwohl der Betroffene sich sicher ist, abgeschlossen zu haben. Grundsätzlich geht es darum, diese Technik so lange zu nutzen, bis der Betroffene eine Abhängigkeit zu ihm entwickelt und dem Narzissten mehr vertraut als seinen eigenen Gedanken.

Um sich vor einem Narzissten schützen zu können, scheint eine widersprüchliche und dennoch hilfreiche Technik zu sein, ihm zuzustimmen. Narzissten wollen eine emotionale Reaktion, um zu sehen, dass sie ihren Partner getroffen haben. Wenn diese allerdings ausbleibt, verwirrt das nicht nur, sondern nimmt ihnen förmlich den Wind aus den Segeln.

Wenn der Partner also sagt: „Das ist deine Schuld, dass die Kinder so verzogen sind. Du gehst zu nachsichtig mit ihnen um", ist die wahrscheinlich nervenschonendste Antwort: „Tue ich". So kann der Narzisst den Konflikt, den er generieren will, nicht weiter ausbauen und muss sich erstmal sammeln, bevor er einen neuen Angriff starten kann.

Für Betroffene in einer solchen toxischen Beziehung ist es hilfreich, das in einem vertrauten Kreis anzusprechen. Setzen Sie Ihr Umfeld davon in Kenntnis, wenn Sie selbst davon betroffen sind. So können Ihre Familienmitglieder, Ihre Freunde und Kollegen sie eventuell wieder in die richtige Richtung lotsen, wenn Sie zu tief in negativen Gedanken versunken sind oder sie abschirmen, wenn Sie für einen Kontaktabbruch bereit sind. Wenn Ihr Partner Sie also mit Textnachrichten bombardiert und Sie kurz davor sind, ihm doch zu antworten, dann lassen Sie Ihre Vertrauensperson die Nachrichten laut vorlesen, um eine Distanz zwischen Ihnen und den Gefühlen, die diese Nachrichten wahrscheinlich in Ihren Gedanken auslösen werden, zu schaffen. So gewährleisten Sie auch, dass Sie mit dem Wissen um diese Textnachrichten nicht allein sind und Unterstützung haben.

Führen Sie Tagebuch und schreiben Sie Ihre Gefühle und Gedanken auf. Wenn Sie befürchten, dass Ihre Emotionen grundlos sind, dann lesen Sie die Worte, die Sie selbst verfasst haben und erinnern Sie sich daran, dass Ihre Erlebnisse echt sind. Narzissten spielen für Aufmerksamkeit gern das Opfer und stellen sich so in den Mittelpunkt. Sie dafür in ein schlechtes Licht zu rücken, ist für sie der einfache Weg. Außerdem ist das eine Taktik, die dafür sorgt, dass Sie sich im schlimmsten Fall beim Narzissten für ein Verhalten entschuldigen, für das Sie gar nichts können. In der Öffentlichkeit hat der Narzisst allerdings ein Bild von Ihnen gezeichnet, das Sie in einen Zugzwang bringt. Vor allem, wenn Sie die Leute, vor denen er sich über Sie ausgelassen hat, gar nicht persönlich kennen. Deshalb ist es wichtig, dass Sie Ihre Familie über diese Geschehnisse auf dem Laufenden halten und dafür sorgen, dass Sie bei ihr einen sicheren Hafen haben und offen reden können. Wie gesagt, das hilft dabei, Sie in die tatsächliche Realität zurückzuholen und bestärkt nicht die, die Ihnen der Narzisst zu vermitteln versucht. Oftmals reicht schon eine Vertrauensperson, die Sie in Ihrer Annahme über toxische Verhaltensmuster, die Sie durchmachen, bestätigt. Erinnern Sie sich an die von Ihnen festgelegten, eigenen Grenzen und versuchen Sie Ihr Bestes, diese auf eine Art und Weise vor dem Narzissten zu verbalisieren, die Sie nicht in Gefahr bringt. Das hat Priorität. Der Umgang mit einem Narzissten kann kräftezehrend und nervenaufreibend sein. Vor allem, wenn eine romantische Beziehung eben davon geprägt sein sollte: Romantik, Liebe und gegenseitigem Respekt. Zu realisieren, dass der Mensch, in den man sich verliebt hat, eigentlich zwei Gesichter hat und eines davon nicht das echte war, fällt vielen Betroffenen in einer toxischen Beziehung schwer. Und als Außenstehender einfach mal zu sagen, dass sie dann doch „einfach gehen" können, ist nicht gerade hilfreich. Es ist ein mentaler Prozess, den die betroffene Person allein durchlaufen muss: Einen Schritt zurücktreten, ihre Grenzen evaluieren und erörtern, wozu sie fähig ist. Das Einzige, was man da als Außenstehender tun kann, ist, seine Hilfe und Unterstützung in der Form anzubieten, in der sie gebraucht wird.

Manipulation und soziale Bewährtheit

Mit dem Begriff der Manipulation werden wir im Alltag häufig konfrontiert. Nicht selten heißt es: „Der hat dich manipuliert". Aber was genau ist Manipulation? Wie kann sie in Worte gefasst werden?

Manipulation bedeutet eigentlich nichts anderes als „Handgriff". Es ist eine Kombination aus den lateinischen Worten „manus" und „plere", die heute allerdings ein wenig negativer konnotiert ist. Eine Manipulation ist die bewusst beabsichtigte Irreführung einer Person ohne deren Wissen oder gegen ihren Willen. Im Zusammenhang mit Narzissten und der toxischen Beziehung mit einem solchen wird die Manipulation als eine Technik der Beeinflussung noch einmal beleuchtet. Die Form des Gaslighting wurde bereits angesprochen, denn sie ist die Wurzel, aus der alles andere erwächst. **Gaslighting** sorgt in den Augen des Narzissten für die Oberhand in der Beziehungsdynamik. Der Partner traut seinen eigenen Gedanken nicht mehr und glaubt ab einem bestimmten Punkt, dass der Narzisst den besseren Überblick über die Dinge hat. „Er wird schon recht haben" und „ich bin wirklich schusselig, das stimmt" oder „vielleicht habe ich die Tür tatsächlich nicht abgeschlossen" sind nur einige Gedankengänge, die am Anfang auftreten könnten. Vor allem öffnet aber ein Gedanke dem Tür und Tor: Wieso sollte ein Partner dem anderem etwas Böses wollen und absichtlich darüber lügen, wie Dinge passiert sind? Natürlich ist nichts Falsches daran, seinem Partner zu vertrauen und genau darin liegt das Problem. In einer gesunden Beziehung ist Vertrauen zueinander eine unverzichtbare Grundlage. Aber es dauert nun mal, bis man verstanden hat, dass die eigene Beziehung es in einem Fall von Gaslighting eben nicht ist. Und es dauert noch länger, bis man sich von einer toxischen Beziehung erholt und sich wieder etwas von dem Selbstvertrauen und der Selbstliebe, die man vor dieser Beziehung hatte, erarbeitet hat. Ramona Kohlen erfährt im Interview mit Dr. Gudrun Glowalla von der Hochschule Fresenius, dass der Faktor „soziale Bewährtheit" eine entscheidende Rolle bei der Manipulation spielen kann und sogar erklärt, warum Menschen anfällig für Manipulation sind.

Durch ungeschriebene Gesetze in sozialen Normen funktioniert die Gesellschaft. Es gibt bestimmte Dinge, die grundsätzlich nicht akzeptiert sind, ohne dass man den Grund noch einmal zusätzlich erläutern muss. Im Verlauf dieses Buches wurde bereits – und wird noch häufiger – erklärt, warum es so schockierend ist, wenn jemand gegen diese ungeschriebenen sozialen Gesetze verstößt. Diese Gesetze haben sich aus einem bestimmten Grund bewährt, weshalb diese soziale Bewährtheit dafür sorgt, dass man davon ausgeht: Mein Gegenüber will mir nichts Böses. Es gibt allerdings bestimmte Individuen, die genau diese unterbewusste Sicherheit ausnutzen. Als Opfer von Manipulation folgen Schuldgefühle der Erkenntnis: „Warum habe ich das mit mir machen lassen?", und „Wieso habe ich das nicht früher erkannt?" oder „War ich wirklich so naiv?" sind dann nur einige der Fragen, die im Kopf schwirren. Aber diesen Gedanken muss man den Riegel vorschieben, bevor sie sich festsetzen können. Allerdings fällt das schwer, wenn beispielsweise Gaslighting für Betroffene jahrelang Alltag war. Wenn sie es aus einer ungesunden Beziehung dann herausgeschafft haben, beginnt eine Arbeit, die mindestens so lange dauert, wie die Beziehung, aus der man sich gerade und endlich hat befreien können, wenn nicht sogar länger.

Eine weitere Technik, die ein Narzisst in seinem Repertoire von Manipulationstechniken einsetzt, ist das sogenannte Love-Bombing. Love-Bombing bezeichnet das regelrechte Überhäufen eines Partners mit Geschenken und Aufmerksamkeiten früh in einer Beziehung. Lee Hammock, der sich selbst als einen „selbstreflektierten Narzissten" beschreibt, will mit seiner Plattform @mentalhealness für mehr Aufklärung über die narzisstische Persönlichkeitsstörung sorgen und gleichzeitig die Opfer narzisstischen Missbrauchs unterstützen, indem er ihre negativen Erfahrungen damit nicht außer Acht lässt. Hammock beschreibt Love-Bombing so: „Für uns fühlt es sich wie echte Liebe an. Wir wollen die Person sein, die [dich] glücklich macht. Deshalb studieren wir [dich] auch so eingehend, *weil* wir [dich] glücklich machen wollen." Er sagt außerdem, dass Narzissten nicht realisieren, dass ihr Schnelldurchlauf von Schritten in einer Beziehung gar nicht gesund ist. Sie wähnen sich in der wahren Liebe und möchten, dass der Partner so schnell es geht mit ihnen zusammenzieht, die Familie kennenlernt und eine eigene Familie mit ihnen gründet. Ihre Absichten sind nicht immer von vornherein böse und manipulativ. Sobald allerdings der Moment eintritt, den Hammock als „den Schalter" beschreibt, tritt der Narzisst zutage, wie man ihn normalerweise kennt. Hammock erklärt die Motivation dahinter folgendermaßen: „Das ist der Moment, in dem wir uns fragen: Wo bleibt all das [was wir unserem Partner an Wertschätzung und Liebe gezeigt haben] für uns?" An diesem Punkt in der Beziehung treten häufig die Unterschiede zwischen den Partnern zutage, denn dann stellt der Narzisst klar, dass er all die Dinge, die den anderen glücklich gemacht haben, nur deswegen getan hat und sie selbst eigentlich gar nicht mag.

Was mit **Love-Bombing** und Gaslighting beginnt – setzt sich mit Isolation im nächsten Schritt fort. Ehe man sich versieht, hat man nur noch gemeinsame Freunde, ist nur noch gemeinsam unterwegs und hat keine eigenen sozialen Kontakte, die unabhängig von der Beziehung sind. Und wenn das mal der Fall sein sollte, so zeigen sich die Folgen für eine eigenständige Unternehmung ohne den narzisstischen Partner relativ schnell darin, dass dieser mit **Guilt-Tripping** dafür sorgt, dass sich das nicht mehr wiederholt. Guilt-Tripping bezeichnet eine passiv-aggressive Kommunikationstechnik, die bewusst Schuldgefühle beim Gegenüber wecken soll. Sätze wie „Sag doch gleich, dass du mich nicht dabeihaben wolltest", „Bestimmt habt ihr über mich gelästert" und „Okay, dann weiß ich, wo ich stehe" sind nur einige Beispiele für Guilt-Tripping. In diesem Szenario wird Guilt-Tripping angewendet, weil der Narzisst keine Kontrolle über den Partner ausüben konnte, während dieser bei einem Kaffee mit seinen Freunden zusammensaß und bestenfalls nicht ans Handy gegangen ist, weil er die gemeinsame Zeit so genossen hat. Eine Möglichkeit, Guilt-Tripping entgegenzuwirken, wäre, das Problem direkt anzusprechen und den Narzissten zu fragen, was gerade in ihm vorgeht: „Du hörst dich traurig an, was ist los?" oder „Möchtest du mit mir darüber reden, warum du so denkst?"

Gegebenenfalls kann man auch möglichst neutral betonen, dass dieses Treffen für einen selbst gerade wichtig war, ohne dem Narzissten dabei den Raum für Guilt-Tripping zu bieten. Allem voran gilt allerdings: Sollte eine körperliche Gefahr im Falle einer Konfrontation bestehen, dann ist die eigene Sicherheit wichtiger und muss in jedem Fall priorisiert werden.

Jeder Mensch will lieben oder geliebt werden. Geschenke, Aufmerksamkeit, Schmetterlinge im Bauch und gemeinsame Zeit – das Wissen, dass man geschätzt und geliebt wird. Das ist ein wunderschönes Gefühl für all jene, die es sich wünschen. Die vielen Online-Dating-Plattformen beweisen, dass das nicht gerade wenige sind. Allerdings sollte bei all den Wünschen und Hoffnungen trotzdem nicht außer Acht gelassen werden, dass es einige Menschen gibt, die nicht ganz mit denselben Absichten auf die Suche nach einem Partner gehen.

Persönlichkeitsstörungen im Detail

Unter einer Persönlichkeitsstörung werden Denkmuster sowie Muster der Wahrnehmung, der Reaktion als auch der Bezugnahme verstanden, die dazu führen, dass die betroffene Person stark darunter leidet. Zudem fällt es ihr schwer, von selbst aus diesen Denk- und Wahrnehmungsmustern herauszukommen.

Es gibt verschiedene Arten von Persönlichkeitsstörungen, welche sich auf unterschiedliche Art und Weise äußern. Im Folgenden werden Ihnen ausgewählte Persönlichkeitsstörungen erläutert, sodass Sie sich einen Eindruck über mögliche Persönlichkeitsstörungen und ihre Merkmale machen können.

Die histrionische Persönlichkeitsstörung

Mit der Verleumdungsklage von Johnny Depp gegen Amber Heard kam auch das Thema Persönlichkeit und vor allem Persönlichkeits*störung* wieder in den Fokus. Dieses Kapitel wird sich zwar jeglicher Meinung diesem Fall gegenüber enthalten, wird aber die histrionische Persönlichkeitsstörung, die in diesem Zusammenhang aufkam, näher erläutern. Die sogenannte „histrionische" Persönlichkeitsstörung zeigt sich in einer extremen, egozentrischen Selbstdarstellung. Betroffene fühlen sich sogar unwohl, wenn sie nicht im Zentrum der Aufmerksamkeit stehen. Histrioniker sind deshalb stark manipulativ und reagieren zum Zwecke dieser Manipulation stark emotional. Dieser Wechsel zwischen beispielsweise „ungerührt" zu „in Tränen aufgelöst" erfolgt schnell, um so die gewünschte Aufmerksamkeit zu generieren. Außerdem sind Histrioniker leicht zu beeinflussen, sodass ihnen auf Nachfrage hin möglicherweise die Quelle oder Begründung für ihre (plötzlich) geänderte Meinung fehlen könnte. Es ist aber nicht so, dass Betroffenen die nötige Empathie für einen angemessenen Umgang mit ihren Mitmenschen fehlt. Eher ist es so, dass sie aufgrund geringer emotionaler Intelligenz nicht selbstreflektiert sind und mit einer verzerrten Selbstwahrnehmung in die Welt blicken.

Weil die histrionische Persönlichkeitsstörung Überschneidungen mit anderen Persönlichkeitsstörungen – wie mit einem Subtyp der narzisstischen oder aber der Borderline-Persönlichkeitsstörung – aufweisen kann, ist sie eine sogenannte Cluster-B-Persönlichkeitsstörung. Cluster B bezeichnet also manipulatives und emotional-dramatisches Verhalten. Dann wären da noch Cluster A und Cluster C. Ersteres beinhaltet sprunghaftes und dadurch ungewöhnliches, unberechenbares Verhalten. Letzteres bezeichnet ängstliches oder furchtsames Verhalten. Wie es zwischen den Persönlichkeitsstörungen zu Überschneidungen bei den Äußerungen kommen kann, so ist auch eine Überschneidung unter den Clustern möglich.

Eine therapeutische Behandlung von Histrionikern erweist sich als schwierig. Auch hier kommt es vor, dass Betroffene sich in erster Linie wegen Depressionen in Behandlung begeben, ihre Symptome aber aufgrund der darunterliegenden Persönlichkeitsstörung dramatisch inszenieren und dadurch auf Aufmerksamkeit aus sind und nicht selbstreflektiert an diesen eigentlichen Schwerpunkt herangehen können. Es ist wichtig, zu sagen, dass die Symptomatik nicht mit anderen psychischen Erkrankungen in einen Topf geworfen werden darf. Wer etwa eine Angststörung hat, begibt sich in Therapie, weil diese Angst massiv in das eigene Leben einschneidet. Psychische Erkrankungen „erscheinen" nicht einfach, weil man unterbewusst Aufmerksamkeit will. Vielleicht hat man sein ganzes Leben lang damit gelebt, aber erst jetzt den passenden Namen dafür gefunden. Eine therapeutische Behandlung ist hilfreich, um einen besseren Umgang mit seiner Erkrankung zu erlernen. Sie kann dabei helfen, die eigenen Gedanken zu sortieren und dafür sorgen, dass man Dinge sprichwörtlich klarer sieht und vielleicht sogar die körperlichen Symptome besser versteht. Dafür ist ein gewisses Maß an Selbstwahrnehmung notwendig. Anders gesagt: Sie können sich selbst gut einschätzen. Sie wissen, wie Sie in einer bestimmten Situation reagieren würden, was Sie mögen und was nicht. Wenn Sie Kinder haben, können Sie auch ihr Verhalten grob einschätzen und wissen zum Beispiel, wie ein Kind reagieren wird, wenn Sie ihm verhassten Rosenkohl zum Essen vorsetzen. Menschen mit einer Persönlichkeitsstörung sind nicht dazu in der Lage, das so klar abzuschätzen. Sie haben kein Konzept von ihrer eigenen und grundlegenden Persönlichkeit, weil verschiedene Umweltfaktoren in ihrem Leben ihnen nicht erlaubt haben, das zu lernen. Genau dieses Problem erschwert eine therapeutische Behandlung. Das bedeutet allerdings nicht, dass eine Persönlichkeitsstörung nicht behandelt werden kann. Da Histrioniker sich stark durch die Reaktionen anderer auf sie und ihr emotionales Verhalten definieren, ist ein Ziel in der Therapie die Stärkung des Selbstwertgefühls. Betroffene sollen lernen, die Gefühle, die sie verspüren, allmählich zu identifizieren und aktiv zu benennen. Außerdem sollen sie häufiger Zeit allein verbringen und Aktivitäten nachgehen, die sie allein ausüben können. Mit der Unterstützung eines Tagebuchs dokumentieren sie im

Verlauf der Therapie dann ihre Gedanken und ihre Verfassung. Diese Gefühlstagebücher oder auch Selbstbeobachtungsbögen sollen Betroffenen dabei helfen, das eigene Verhalten mit ihrer persönlichen Lebensgeschichte zu verknüpfen. Außerdem kann es vorkommen, dass ein Klient die Grenzen missachtet, die der Therapeut im Verlauf der Behandlung gesetzt hat. Deshalb muss der Therapeut – wie bei der Behandlung von Klienten mit einer narzisstischen Persönlichkeitsstörung auch – einen guten Mittelweg finden, um den Klienten angemessen weiter behandeln und Therapieziele erreichen zu können. Vor allem die Wortwahl ist wichtig, da Histrioniker stark emotional reagieren und somit eine erhöhte Wahrscheinlichkeit besteht, dass sie sich entweder selbst verletzen oder gar einen Suizidversuch unternehmen. Eine histrionische Persönlichkeitsstörung kommt bei 2 % der Bevölkerung vor.

Die emotional-instabile Persönlichkeitsstörung

Diese Art der Persönlichkeitsstörung ist gekennzeichnet von physischer Selbstverletzung und wechselnden emotionalen Zuständen, bis hin zu paranoiden Gedanken oder dem sprichwörtlichen Gefühl, neben sich zu stehen. Demzufolge fällt es Betroffenen sehr schwer, Beziehungen aufrechtzuerhalten. Sie ziehen sich während depressiver Phasen stark zurück und kapseln sich ab. Außerdem neigen sie durch eine gestörte Affektregulation dazu, impulsiv-aggressiv oder überaus ängstlich zu reagieren. Sie befürchten, aufgrund ihrer Symptome und psychischen Erkrankung alleingelassen zu werden und flüchten sich daher in Alkohol- und Drogenmissbrauch. Dieses Krankheitsbild verleiht der Persönlichkeitsstörung den Namen, unter dem sie geläufig ist: „Borderline" bezeichnet das englische Wort für „Grenze" oder „Grenzlinie", denn Betroffene erleben tagtäglich eine Art Gratwanderung, was ihre eigene Gefühlswelt betrifft. Sie sind den extremen Schwankungen zwischen psychotisch und neurotisch sowie dem verzerrten Körpergefühl und Selbstbild ausgeliefert. Dabei bedeutet psychotisch nicht zwangsläufig gleich gewalttätig. Das Wort „psychotisch" beschreibt anhaltende Wahrnehmungsstörungen, wie das zuvor beschriebene Gefühl der Unwirklichkeit. Durch diese Art langanhaltende Reizüberflutung ist auch die Schmerzwahrnehmung gestört, weshalb sich Betroffene selbst verletzen und durch den Schmerz versuchen, die Realität oder ein Gleichgewicht zwischen Körper und Geist „wiederherzustellen". Diese Zustände gehen mit der Diagnose einher und machen Betroffene nicht gleichbedeutend mit einer Gefahr. Das Wort „neurotisch" ist stark theoriebehaftet und wird im Kontext der emotional-instabilen Persönlichkeitsstörung nicht verwendet, da eine klare Differenzierung der beiden Begriffe nicht gewährleistet werden kann.

Aufgrund der gestörten Affektregulation (also Impulsivität) von Betroffenen müssen in der Therapie Rahmenbedingungen festgelegt werden. Diese „Therapieverträge" beinhalten unter anderem den Umgang mit Themen wie Selbstverletzung und Suizidalität. Sowohl Therapeut als auch Klient priorisieren im Verlauf der Behandlung dann die für den Klienten wichtigen Themen, wobei das in erster Linie die Suizidgedanken beziehungsweise das suizidale Verhalten des Klienten sind. Im Rahmen der sogenannten Komorbidität kann die Borderline-Persönlichkeitsstörung in Verbindung mit anderen Erkrankungen, wie einer Essstörung, auftreten. Es ist also wichtig, erst einmal herauszuarbeiten, ob beispielsweise einer Alkohol- oder Drogensucht nicht eine Borderline-Persönlichkeitsstörung zugrunde liegen könnte. Sie kommt in etwa bei 2

% der Erwachsenen vor und kann entstehen, wenn die Kindheit von Missbrauch und Gewalt geprägt war.

Paranoide Persönlichkeitsstörung

Eine paranoide Persönlichkeitsstörung ist, wie der Name bereits erahnen lässt, von Paranoia eingefärbt. Häufig erst im frühen Erwachsenenalter auftretend, sind Betroffene misstrauisch und haben Schwierigkeiten, selbst freundliche Gesten anderer als solche anzunehmen. Für sie stecken hinter diesen Nettigkeiten böse Absichten und eine potenzielle Gefahr für sich oder ihre Sicherheit. Eine sarkastische Bemerkung in ihrer Gegenwart zu machen oder sie mit einem kleinen Scherz aufzuziehen, ist unklug. Die paranoide Persönlichkeitsstörung macht Betroffene übermäßig nachtragend, sodass sie kleine Scherze eher als verletzend wahrnehmen und Ähnliches als einen Angriff gegen sich selbst oder ihren Ruf. Dadurch, dass sie aufgrund der Persönlichkeitsstörung unter konstanter Anspannung stehen, reagieren sie auch schnell zornig und verteidigen sich, obwohl das die Situation vielleicht gar nicht erfordert. Wie bereits des Öfteren erwähnt, färbt eine Persönlichkeitsstörung den grundlegenden Charakter einer Person ein, weshalb auch eine Beziehung mit einem Betroffenen von Vorwürfen von Untreue gekennzeichnet ist. Vor allem dann, wenn eigentlich überhaupt kein Grund oder Anlass für diese Vorwürfe besteht.

Es besteht die Möglichkeit, dass sich die paranoide Persönlichkeitsstörung aufgrund von Kindheitstraumata (wie Missbrauch oder Vernachlässigung) entwickelt. Betroffene haben bereits früh in ihrem Leben einen Mangel an Liebe erfahren und so projizieren sie ihre Gefühle von Feindseligkeit und Angst auf ihr Umfeld. Obwohl diese Form der Persönlichkeitsstörung bei 0,5 – 2,5 % der Allgemeinbevölkerung vorkommt, steht sie selten allein. Menschen mit einer anderen psychischen Erkrankung, wie Borderline oder einer narzisstischen Persönlichkeitsstörung, sehen sich einer höheren Wahrscheinlichkeit gegenüber, auch eine paranoide Persönlichkeitsstörung zu entwickeln. Das ist dann die bereits erwähnte Komorbidität.

Um eine paranoide Persönlichkeitsstörung behandeln zu können, ist ein Zusammenspiel aus verschiedenen Therapieformen von Vorteil, wie der tiefenpsychologischen und der Verhaltenstherapie. Dabei lernen betroffene Klienten, dass Ängste der Grund für ihr Verhalten sind und wie sie diese Ängste auf eine gesunde Art und Weise angehen können, um so in Zukunft gesündere und langfristigere Beziehungen zu formen. In der Therapie wird ihre Wahrnehmung erörtert und gemeinsam erarbeitet, wie sie diese den Therapiezielen entsprechend schulen können.

Ängstlich-vermeidende Persönlichkeitsstörung

Eine ängstlich-vermeidende Persönlichkeitsstörung kennzeichnet sich durch die Angst vor Ablehnung. Betroffene achten entsprechend minutiös auf das Verhalten der anderen ihnen gegenüber. Interpretationen des Verhaltens sind eingefärbt von der Angst vor Kritik und Zurückweisung. Offen über ihre eigenen Gefühle und Sichtweisen zu sprechen, vermeiden Betroffene aus demselben Grund. Wie der Name dieser Persönlichkeitsstörung bereits verrät, vermeiden Betroffene Situationen, in denen man sich hypothetisch über sie lustig machen könnte. Ihr geringes Selbstbewusstsein macht sie in ihren eigenen Augen unbeholfen und unattraktiv. Sie halten sich selbst also für keine angenehme Gesellschaft und bewegen sich auf Zehenspitzen durch ihren Alltag. Sie wollen in den Augen ihres Gegenübers keinen Argwohn erwecken, ihm keineswegs zur Last fallen und fühlen sich extrem unwohl in Umgebungen, die sie nicht als Teil der ihnen vertrauten Routine wahrnehmen. So gesehen ist die ängstlich-vermeidende Persönlichkeitsstörung eine Form der Sozialphobie. Jedoch geht die Persönlichkeitsstörung noch tiefer, wie bereits erklärt. Betroffene sind ihren negativen Gedanken ausgeliefert. Ihre Wahrnehmung der Umwelt und ihrer Menschen ist entsprechend negativ und sie wollen sich lieber in ihr vertrautes Umfeld zurückziehen, als in der Außenwelt soziale Kontakte zu pflegen. Die Angst, etwas falsch zu machen und unumstößlich verurteilt zu werden, ist ihr konstanter Begleiter. Deshalb besteht ihr Weg der Konfliktlösung darin, sich zurückzuziehen und abzukapseln. Sie haben also nie gelernt, Konflikte anzugehen oder selbstbewusst zu kommunizieren. Dass ein Konflikt auch durch ein offenes Gespräch geklärt werden kann und nicht zwingend in einen lautstarken Streit ausarten muss, scheint da keine Option zu sein. Sicherheitshalber vermeiden Betroffene also jedweden Konflikt und kapseln sich lieber ab.

Grund für diese Art der Persönlichkeitsstörung kann unter anderem ein Erziehungsstil sein, der zum Großteil daraus besteht, sich über die eigenen Kinder lustig zu machen und sie für die kleinsten Fehler „vorzuführen.“ Die so entstandenen negativen Gedanken begleiten die Kinder dann ein Leben lang und das Selbstwertgefühl bleibt auf der Strecke. In einer Verhaltenstherapie etwa kann das negative Selbstbild angegangen und das Kindheitstrauma entsprechend aufgearbeitet werden. Auch Gruppentherapie ist möglich. Das Wichtigste dabei ist, dass Klient und Therapeut eine solide Verbindung aufbauen, denn aufgrund des vermeidenden Teils dieser Persönlichkeitsstörung kann es durchaus vorkommen, dass der zu therapierende Klient die Behandlung abbricht oder gar nicht erscheint — eben, weil er Angst vor Verurteilung und Kritik hat und daher dazu neigt, sich in sich selbst zurückzuziehen. Die Therapie sollte in kleine Schritte eingeteilt und deshalb langfristig geplant werden. Vor allem, weil Betroffene mit ihrem mangelnden Selbstbewusstsein und -wert zu kämpfen haben und dieses erst Stück für Stück aufgebaut werden muss, beziehungsweise sie durch das entsprechende Werkzeug und die passenden Techniken erst lernen müssen, wie man sich selbst aufbaut. Eine ängstlich-vermeidende Persönlichkeitsstörung, auch selbstunsichere Persönlichkeitsstörung genannt, kommt bei ca. 1 bis 2 % der Bevölkerung vor und ist zwischen Männern und Frauen etwa gleich aufgeteilt. Oft kommt sie mit Depressionen oder anderen Angststörungen zusammen.

Dependente Persönlichkeitsstörung

Eine abhängige oder dependente Persönlichkeitsstörung ist sicherlich nicht nur für das Umfeld des Betroffenen stark belastend. Es ist selten so, dass eine solche psychische Erkrankung sich nur auf das Umfeld kräftezehrend auswirkt. Den meisten Betroffenen ist bewusst, dass sie die Welt aufgrund ihrer Erkrankung anders wahrnehmen. Vieles, was für neurotypische Menschen einfach und Teil ihres Alltags ist, erfordert für Menschen mit einer psychischen Erkrankung Mut und mentale Vorbereitung. So kann es mitunter Tage dauern, bis sie die Energie dazu gesammelt haben, ein Päckchen vom Kiosk um die Ecke abzuholen.

Menschen mit einer dependenten Persönlichkeitsstörung können diese Entscheidung nicht treffen, ohne diese mit einer Person ihres Vertrauens zuvor eingehend besprochen zu haben. Sie können nicht allein sein oder Zeit allein verbringen. Ihre Beziehungen sind entsprechend einseitig, was die Entscheidungsgewalt anbetrifft – diese liegt nicht bei ihnen. Urlaubsorte, Freundschaften und Freizeitaktivitäten soll beispielsweise stets der Partner wählen und sie selbst ziehen dann einfach mit. Das geringe Selbstbewusstsein von Betroffenen hindert sie daran, überhaupt daran zu denken, dass sie in diesen Dingen ein Mitspracherecht haben. Der Grund dafür ist die Angst davor, dass der Partner die Beziehung beendet und sie im Fall einer anderen Meinung zu einem bestimmten Sachverhalt verlässt. Die irrational hochgradige Angst, verlassen zu werden und infolgedessen für sich selbst sorgen zu müssen, ist für Betroffene stets präsent und hindert somit auch ihre eigene Urteilskraft daran, sich zu entwickeln und auszubilden. Ihre Meinung ändert sich so schnell, wie es die Situation erfordert, um Zuneigung zu gewinnen. Sollte es in besagter Situation eine unangenehme Tätigkeit zu tun geben, so sind Menschen mit einer dependenten Persönlichkeitsstörung an erster Stelle und bieten ihre Hilfe an. Auch mit dem Ziel, Zuneigung zu gewinnen. Da sie es tunlichst vermeiden, allein zu sein und Aktivitäten allein zu unternehmen, haben sie einen gesunden Umgang mit sich selbst, ihren Energiereserven und ihrer eigenen Zeit nicht lernen können. „Zeit für mich" oder „für mich sein" darf es nicht geben, denn genau in diesem Zeitfenster fühlen sich Betroffene alleingelassen, unbeholfen und unwohl.

Eine dependente Persönlichkeitsstörung kommt bei 2 % der Bevölkerung vor. Dabei ist diese Zahl zwischen betroffenen Männern und Frauen etwa gleich aufgeteilt. Was die Entwicklung einer dependenten Persönlichkeitsstörung begünstigen kann, ist noch nicht deutlich herausgearbeitet. Es kann überbehütendes Verhalten der Eltern sein oder ein Erziehungsstil, der unabhängige

Entscheidungen stark kritisiert, um so das eigene Kind noch länger an sich zu binden. Obwohl sich Betroffene mit dieser Persönlichkeitsstörung - im Vergleich zu den zuvor genannten - größere Erfolge durch ihre Kooperation erhoffen können, ist es wichtig, sie in der Therapie aus ihrer Passivität herauszuholen und mit ihnen gemeinsam Strategien zu erarbeiten, die Selbstständigkeit und Selbstbewusstsein fördern. In erster Linie müssen Therapeuten allerdings Aufklärungsarbeit leisten und ihren Klienten während der Behandlung dabei helfen, ihre Erkrankung und die Hintergründe zu verstehen.

Die bipolare Störung

Die bipolare Störung kennzeichnet sich durch ein regelrechtes Wechselbad der Gefühle: Sie wechselt zwischen manischen und depressiven Phasen, kann aber auch in sogenannten Mischzuständen auftreten, wobei die manische Hyperaktivität und Euphorie neben der Depression auftritt. Etwa 20 – 60 % der Betroffenen erleben diese Mischzustände, weshalb eine bipolare Störung unter anderem schwer zu diagnostizieren ist. Besonders schwer wird es, wenn Betroffene die Realität durch die Halluzinationen, Depersonalisation und Wahngedanken in manischen Phasen nur noch verzerrt wahrnehmen. Diese psychotischen Symptome treten bei zwei Dritteln der Patienten auf, gemeinsam mit der grenzenlosen Selbstüberschätzung, die eine manische Phase auch begleiten kann. Einige Betroffene erleben statt der – mit der Störung üblicherweise assoziierten – Euphorie auch erhöhte Reizbarkeit und Misstrauen, was vermutlich mit den Wahngedanken oder dem Verfolgungswahn zusammenhängen könnte.

Eine abgeschwächte Form der manischen Phase ist die der Hypomanie. Sie hält meinst über mehrere Tage hinweg an, allerdings können Betroffene sich selbst und die Realität noch erfassen. Die Hypomanie bildet eine Art „Vorstufe" zur Manie, auf die wiederum dann die Phase der Depression folgt. Deshalb muss auch bei der Hypomanie so schnell wie möglich therapeutisch eingegriffen werden.

Eine genetische Veranlagung begünstigt die Entwicklung einer solchen Störung. Diese sogenannte „genetische Vulnerabilität" lässt auch eine Störung in der Balance der Neurotransmitter beobachten. In einer depressiven Phase ist also ein Mangel an Serotonin und Noradrenalin vorhanden, während in einer manischen Phase ein erhöhter Dopamin- und Noradrenalin-Spiegel erkennbar ist. Durch die genetische Vulnerabilität kann es sein, dass die Neurotransmitter-Balance leichter aus dem Gleichgewicht kommt. Andere Faktoren (wie Schlafmangel oder weitere Formen von erhöhtem Stress –in etwa im Job oder unregelmäßige Schlaf-Wach-Rhythmen und unerwartete Veränderungen im privaten Umfeld) können ein Ungleichgewicht zusätzlich begünstigen.

Neben einer therapeutischen Behandlung wäre es wünschenswert für Betroffene, sich in Stressbewältigung zu üben, sodass sie Stress weniger stark anfällt und folglich eine Episode triggert. Auch eine Unterstützung von Familie und Freunden sowie eine stabile Partnerschaft können sehr hilfreich sein.

Die erste bipolare Episode tritt etwa mit Anfang zwanzig auf. Diese ist meist eine depressive, allerdings wird die Diagnose erst im Alter von 30 Jahren gestellt, woraufhin auch der erste Klinikaufenthalt folgt. Eine bipolare Störung lässt sich in Bipolar I und Bipolar II einteilen. Beide Typen unterscheiden sich jeweils in der

Intensität der manischen Episoden. Betroffene von Bipolar I erleben beispielsweise eine manische Episode in seinem vollen Ausmaß und müssen mit einer höheren Wahrscheinlichkeit stationär behandelt werden, während Betroffene von Bipolar II „nur" eine hypomanische Episode erleben und ein Klinikaufenthalt seltener notwendig ist. Zwar ist eine bipolare Störung nicht gänzlich heilbar, aber sie ist behandelbar. Betroffene können mehr Lebensqualität gewinnen, wenn sie medikamentös richtig eingestellt sind und auf Dinge achten wie keinen Alkohol- und Drogenkonsum, einen stabilen Schlafrhythmus, Stressbewältigung und regelmäßige Übungen, wie etwa in Form von Meditation oder eben anderen, die Betroffenen dabei helfen, ihre Neurotransmitter-Balance bestmöglich konstant zu halten. Außerdem ist die bipolare Störung als Diagnose in letzter Zeit mehr in den Vordergrund gerückt, seit unter anderem Sängerin und Schauspielerin Selena Gomez sowie Stand-Up-Comedian Taylor Tomlinson diagnostiziert wurden und ihre Plattform dazu nutzten, offen darüber zu sprechen. So kann auf mehr Aufklärung und einen offenen Dialog über diese Diagnose gehofft werden.

Schizoid vs. schizotyp vs. schizoaffektiv

Das alles sind nicht verschiedene Namen für Schizophrenie. Sie bezeichnen verschiedene Formen beziehungsweise Grade. Sehen Sie Schizophrenie als eine Art Spektrum, stellt sich heraus, dass es Überschneidungen gibt und diese den ähnlichen Stamm der Begriffe erklären. Die Endungen weisen allerdings darauf hin, dass es gewisse Unterschiede gibt.

Im Vergleich zur Schizophrenie, die sich im frühen Erwachsenenalter herauskristallisiert und Betroffene enormem, emotionalem

Stress aussetzt, färbt eine schizoide Persönlichkeitsstörung als solche eben das Verhalten und somit die zwischenmenschlichen Beziehungen von Betroffenen von Beginn an ein. Was die schizoide Persönlichkeitsstörung und die Schizophrenie gemeinsam haben, ist die Schwierigkeit, Gefühlen Ausdruck zu verleihen und eine Verbindung zu anderen zu schaffen. Aber Menschen mit einer schizoiden Persönlichkeitsstörung haben nicht mit Paranoia, Wahrnehmungsstörungen oder einem verzerrt wirkenden Sprachmuster zu kämpfen. Diese Persönlichkeitsstörung wird nicht als eine solche wahrgenommen, was möglicherweise erklärt, warum Betroffene sich selten aufgrund dieser in Behandlung begeben. Zwischenmenschliche Kontakte reduzieren sich meist auf den innersten Kreis der Familie und an intimen Beziehungen besteht wenig bis kaum Interesse. Zusätzlich wirken sie vielleicht distanziert oder abgehoben, weil sie eher Freizeitaktivitäten bevorzugen, die wenig bis kaum zwischenmenschlichen Kontakt erfordern. Die Selbstentfaltung fällt außerdem entsprechend schwerer, weil Betroffene kaum Veränderungen in ihrer Gefühlslage durchblicken lassen. So gesehen ist der Unterschied zwischen einer Schizophrenie und einer schizoiden Persönlichkeitsstörung – die Endung *-oid* weist auf die Anlehnung an dieses Krankheitsbild hin – durchaus erkennbar.

Eine schizotype Persönlichkeitsstörung ist gekennzeichnet durch große soziale Ängste, bis hin zu starkem Unwohlsein in einem Setting, in welchem soziale Interaktion im Vordergrund steht. Sie ist – genauso wie die schizoide Persönlichkeitsstörung – eine des Clusters A und somit als exzentrisch, ungewöhnlich oder unberechenbar gekennzeichnet. Im Vergleich zur schizoiden Persönlichkeitsstörung haben Menschen mit einer schizotypen Persönlichkeitsstörung aber ebenfalls mit Wahrnehmungsstörungen oder Misstrauen und Paranoia zu kämpfen. Entsprechend kommt es vor, dass Reaktionen auf bestimmte Geschehnisse vielleicht unpassend erscheinen und sie entweder plappern oder nur vage Rückmeldung geben. Eine schizotype Persönlichkeitsstörung kann durch Traumata wie Gewalt und Missbrauch in der Kindheit entstehen. Das Risiko ist außerdem erhöht, wenn Erkrankungen des Schizophrenie-Spektrums bereits in der Familie aufgetreten sind. Da es sich um eine chronische Erkrankung handelt, ist es wichtig, mithilfe eines Therapeuten und Arztes einen Plan auszuarbeiten und so einen angemessenen Umgang mit der Diagnose sowie ihren Symptomen zu lernen.

Eine schizoaffektive Störung beinhaltet neben den Merkmalen der Schizophrenie auch die der bipolaren Störung. Betroffene sind manisch-depressiv und/oder paranoid und leiden an Wahrnehmungsstörungen und Dissoziation. Eine bipolare Störung bezeichnet zwei Extreme des Spektrums Stimmung: Entweder man erlebt den sprichwörtlichen Höhenflug in der Manie oder man kämpft gegen eine tiefe, endlos scheinende Depression. Wenn dazu noch die paranoiden Züge der Schizophrenie kommen, ist der Kampf Betroffener umso härter. Denn diese Züge treten nicht nur abwechselnd auf. Sie können auch zusammen auftreten. Da sich in der schizoaffektiven Störung praktisch drei Krankheitsbilder zu einem zusammenschließen, lässt sich nicht genau sagen, ob bestimmte Personengruppen anfälliger sind als andere. Wichtig ist außerdem zu erwähnen, dass genau der Zusammenschluss aus drei Krankheitsbildern eine klare Diagnose der schizoaffektiven Störung erschwert, da man die drei Diagnosen zuerst separat angeht, anstatt sie als Teile einer Diagnose zu behandeln. Auch bei der schizoaffektiven Störung handelt es sich um eine Erkrankung, die Betroffene das ganze Leben lang begleiten kann. Ab dem Alter von 70 Jahren sinkt dann aber die Rückfall-Gefahr in die Episoden stark, sodass Betroffene wenigstens dann aufatmen können.

Augen auf im Alltag – aber wie denn?

Menschen mit einer Persönlichkeitsstörung bestreiten ihr Leben so wie jeder andere auch. Einigen werden mit ihren Krankheitsbildern mehr Steine in den Weg gelegt als anderen. Wieder andere sind durch ihre Erkrankung dermaßen von einem alltäglichen Leben abgeschnitten, dass sie andere Wege finden müssen, um ihr Leben zu bestreiten. Die Definition von „Alltag" ist subjektiv, und daher ist er für jeden Menschen anders, egal ob von einer Persönlichkeitsstörung betroffen oder nicht. Es gibt keinen wirklichen „Kompass" oder Radar, der eine solche auf Anhieb erkennen lässt. Erst im direkten Umgang mit Menschen lernt man die Persönlichkeiten näher kennen. Ob das ein Vor- oder ein Nachteil ist, ist ebenfalls subjektiv und es erfordert in manchen Fällen sogar eine gewisse, längere Zeit, um diese Entscheidung zu treffen. Im zuvor behandelten Kapitel über Persönlichkeitsstörungen könnten Narzissten als die vielleicht einzigen eine Gefahr für andere darstellen. Mit „Gefahr" ist hierbei nicht nur eine einzig körperliche, sondern auch eine mentale zu verstehen. Für Menschen, die die Gedankengänge von Narzissten nicht nachvollziehen können, ist es in erster Linie kräftezehrend, mit ihnen zu interagieren. Das schadet der Psyche nachhaltig. Alle anderen Persönlichkeitsstörungen sind für die betroffene Person selbst kräftezehrend und, beim Faktor Suizidalität, auch lebensgefährlich.

Der richtige Umgang mit Menschen, die von einer Persönlichkeitsstörung betroffen sind, ist daher sehr wichtig. Die individuellen Grenzen einer Person sollten generell respektiert und auch das Einverständnis für Berührungen jeglicher Art vorher eingeholt werden. Übrigens gilt das für alle Menschen, mit denen man in Kontakt tritt und nicht nur für den Umgang mit Menschen, die von einer psychischen Erkrankung betroffen sind. Sie sollten also darauf achten, dass sowohl Ihre als auch die Grenzen der anderen Person offen kommuniziert wurden und klar sind. Der Kanal sollte sozusagen beidseitig geöffnet sein. Oder die Parameter so festgelegt, dass Klarheit herrscht. So sollten Sie auch erörtern können, in welcher Form Sie den jeweils anderen unterstützen oder moralischen Beistand leisten können. Bei einem Freund mit dependenter Persönlichkeitsstörung kann es hilfreich sein, ihm gut zuzureden und Mut zu machen. Sie sollten nicht in die Rolle des Therapeuten schlüpfen, denn es ist genauso wenig ihre Rolle wie ihre Aufgabe. Versichern Sie ihm, dass – sollten Ihre Meinungen bei einem Thema auseinandergehen – ihre Freundschaft nicht zu Ende ist und Sie es begrüßen, dass ihr Freund seine ehrliche Meinung mit Ihnen teilt. Sprechen Sie gegebenenfalls das Thema Therapie und Therapiemöglichkeiten auch offen an und bleiben Sie so neutral es geht. Für einige ist das Thema schwierig, einige andere können über Therapie ganz normal reden. Das Klischee, Therapie sei etwas, das man nur beginnt, wenn es einem sehr schlecht geht, ist falsch. Wenn Betroffene zu diesem Zeitpunkt eine Therapie beginnen, ist es schon höchste Zeit. Mit einer Therapie ist es eher so, als würde ihnen der richtige Umgang mit dem Werkzeug, das sie bereits haben, beigebracht. Ein Therapeut hilft Betroffenen dabei, ihre Gedanken zu ordnen und ihre Gefühle zuzulassen, damit sie mithilfe dieser neuen Techniken wachsen können. Allerdings ist die Wartezeit auf einen Therapieplatz derzeit relativ lang und das somit wesentlich leichter gesagt als getan. Die Wartezeiten für stationäre Therapien sind vergleichsweise kürzer und es gibt auch Therapie-Service-Stellen für Akut-Sprechstunden. Von einer Persönlichkeitsstörung betroffene Menschen benötigen genauso Vertrauenspersonen wie jeder andere Mensch auch. Und solange Sie Ihren Freund bei seinem Heilungsprozess unterstützen und gleichzeitig auf sich selbst und Ihre Energiereserven achten können, sind Sie beide auf einem guten Weg.

Psychopathie: Gibt es Vorteile?

Tatsächlich hängt vieles im Leben von der Sichtweise auf Dinge ab. Auch bei diesem Thema, das so häufig negativ behaftet ist, kann man einige Punkte als Vorteile formulieren. Inzwischen wissen Sie, dass psychische Störungen nicht zwingend eine erhöhte Gewaltbereitschaft oder sogar Bösartigkeit bedeuten müssen. Vor allem, weil die Grenzen zwischen vielen Definitionen verschwimmen können oder die Komorbidität greift. Welche Aspekte der Psychopathie können also als Vorteile gesehen werden?

1. Psychopathen sind unglaublich fokussiert, weil sie sich eben nicht von den Reaktionen oder Gefühlen anderer beeinflussen lassen. Sie wissen, dass es bestimmte Normen gibt und navigieren anhand dieser ihren Alltag, aber ihr Fokus bleibt erhalten, bis sie ein Ziel erreicht haben.

2. Entsprechend lecken Psychopathen sich nicht die Wunden, wenn etwas mal nicht so klappen sollte, wie sie es wollen.

3. Weil Psychopathen ihr Umfeld manipulieren können, ist es nicht überraschend, dass sie Menschen besser lesen können als Nicht-Psychopathen. Sie wissen also, welche

Knöpfe man für das gewünschte Ergebnis bei ihrem Gegenüber drücken muss.

4. Der Körper eines Psychopathen arbeitet anders, denn er setzt Stress-Hormone nicht richtig frei. Während Nicht-Psychopathen also „nur" für einen bestimmten Zeitraum unter Hochdruck arbeiten können und ihre „Batterien" danach leer sind, ist das für Psychopathen nicht wirklich ein Problem. Sie passen sich sehr gut an plötzliche Veränderungen an und entscheiden bei Bedarf neu oder angeblich sogar besser als Nicht-Psychopathen.

5. Wenn Sie sich jemals gefragt haben, wie viele Menschen in Machtpositionen als Psychopathen bezeichnet werden könnten, ist diese Frage nicht ganz unberechtigt. Die zuvor genannten Punkte begünstigen diese Annahme, aber abgesehen davon haben Psychopathen das Talent, ihre Psychopathie zu verbergen. Bei einem Test zu lügen ist also auch keine große Sache.

Wenn man so will, sind Psychopathen Achtsamkeitsprofis, weil sie sich auf den Moment konzentrieren. Sind sie aus diesem Grund vielleicht sogar ganz gute Yoga-Lehrer? Wie überraschend sind diese Punkte für Sie? Hätten Sie das jemals erwartet? Oder eher erst gar nicht bedacht, dass man aus Psychopathie auch gewisse Vorteile ziehen kann?

Die Forschung der Universität Wien hat sogar ergeben, dass man sich von dem Klischee des „gefühlskalten" Psychopathen langsam verabschieden könnte. Die Empathie-Fähigkeit begrenzt sich laut Psychologe Claus Lamm nicht nur auf die Wahrnehmung der Gefühle anderer. Empathie-Fähigkeit ist auch die sogenannte „Selbst-Andere-Differenzierung". Das bedeutet, zusätzlich um seine eigene Gefühlswelt gut Bescheid zu wissen. Lamm, der 2015 gemeinsam mit anderen Psychologen Empathie-Defizite in der Autismus-Spektrum-Störung und der Psychopathie als Persönlichkeitsstörung untersuchte, stellte Folgendes fest: Psychopathen können sich gut von den Gefühlen anderer abgrenzen. Autisten sind aufgrund eines bestehenden, eigenen Schutzmechanismus schneller von den starken Emotionen anderer überfordert. Ihre Wahrnehmung ist demnach – zumindest was die Gefühle anderer betrifft – „zartbesaitet". Das bedeutet allerdings nicht, dass Autisten grundlegend unfähig sind, empathisch zu sein. Auch Menschen mit einer antisozialen Persönlichkeitsstörung sind laut Lamm zu Empathie fähig, eben weil sie Sie lesen und ihr eigenes Ziel gegebenenfalls anpassen können. Sie sind nur besser darin, auf Abstand zu gehen.

Ihnen ist vielleicht aufgefallen, dass in diesem Unterkapitel sowohl der Begriff „Psychopath" als auch die Bezeichnung „antisoziale Persönlichkeitsstörung" verwendet wird. Da hier Vorteile angesprochen werden, soweit es geht, soll so aus den bereits wiederholt genannten Gründen eine positive Verknüpfung entstehen. Die Absicht ist nicht, das Wort als Beleidigung zu verwenden. Wichtig ist außerdem die Klarstellung, dass Autismus und Psychopathie nicht zusammenhängen, sondern zwei verschiedene Diagnosen sind. Die Untersuchung der Psychologen um Claus Lamm untersuchte in ihrem Paper speziell die Bedingungen von Empathie-Empfinden.

Wie wirken Psychopharmaka?

Wenn man sich mit einem Thema wie Persönlichkeitsstörungen beschäftigt – einem Thema, das eingehender Recherche bedarf, um vorurteilsfrei darüber sprechen zu können – ist es von Vorteil, ein Kapitel den Psychopharmaka und ihrer Wirkungsweise zu widmen. Allerdings ist es wichtig, zu wissen, dass der Inhalt dieses Kapitels nicht der Selbst-Diagnose dient und für den Fall der Fälle auch nicht als ein Ersatz für ein Gespräch mit einem Arzt gesehen werden darf.

Als Psychopharmaka werden eine Gruppe von Medikamenten zur Therapie psychischer Störungen bezeichnet. Die erste Art von Psychopharmaka, die Ihnen vielleicht einfällt, sind Antidepressiva. Antidepressiva werden, wie der Name bereits verrät, für die Behandlung von Angststörungen und Depressionen eingesetzt. Dabei gibt es nicht nur eine einzige Art von Antidepressiva, sondern diese haben unterschiedliche Kategorien.

Trizyklische Antidepressiva sind, chemisch betrachtet, ein dreigliedriges Ringsystem. Sie hemmen einerseits die Aufnahme von Serotonin im zentralen Nervensystem, können aber auch die Rezeptoren der Transmitter Noradrenalin, Acetylcholin und Serotonin blockieren. Aufgrund dessen gibt es außer der gewünschten Wirkung einige Nebenwirkungen. Selbstverständlich sind Nebenwirkungen auch bei allen anderen Medikamenten möglich. Im Fall der Einnahme von trizyklischen Antidepressiva bei einer bestehenden Herzinsuffizienz können diese Nebenwirkungen sich unter anderem in Form von einer Tachykardie äußern. Eine Tachykardie ist ein schnellerer Herzrhythmus, in etwa ab 100 Herzschlägen pro Minute. Außerdem zählt Mundtrockenheit zu einer der Nebenwirkungen. Trizyklische Antidepressiva werden zu Beginn über einen Zeitraum von 1 bis 2 Wochen eingenommen. In der Anfangsphase der Einnahme fühlt man sich aufgrund der gehemmten oder blockierten Serotoninaufnahme entsprechend melancholisch, aber sobald das Antidepressivum anschlägt, sollte sich der Gemütszustand bei fortgeführter Einnahme stabilisieren.

Tetrazyklische Antidepressiva sind ein viergliedriges Ringsystem. Sie wirken ähnlich wie die trizyklischen Antidepressiva, allerdings fokussieren sie sich eher auf den Noradrenalin-Stoffwechsel. Adrenalin und Noradrenalin sind Neurotransmitter, wobei Noradrenalin aktivierend wirkt und als Stresshormon sowohl Hormon als auch Neurotransmitter ist.

Sogenannte **Serotonin-Wiederaufnahme-Hemmer** sind besser verträglich als die genannten Kategorien von Antidepressiva. Diese wurden in den 1980er-Jahren entwickelt und haben weniger Nebenwirkungen, weil sie sich im Vergleich zu den trizyklischen Antidepressiva nicht an die Rezeptoren hängen. Merkwürdigerweise wirken Serotonin-Wiederaufnahme-Hemmer dadurch, dass sie die Aufnahme von Serotonin im synaptischen Spalt hemmen. Die Serotoninproduktion wird angeregt und die Rezeptoren dafür werden sensibilisiert. Basierend auf diesem Anpassungsmechanismus, der das Gehirn für die Serotonin-Ausschüttung erst entsprechend „einrichten" muss, wirken SSRI (Englisch: Selective Serotonin Reuptake Inhibitor) allerdings verzögert, weshalb die Wirkung erst nach einer gewissen Zeit eintritt. Neben den Serotonin-Wiederaufnahme-Hemmer gibt es die **Serotonin-Noradrenalin-Wiederaufnahme-Hemmer.** Hier wird der Rücktransport der Neurotransmitter gehemmt, was dafür sorgt, dass mehr für die notwendige Ausschüttung vorhanden sind.

Außer Antidepressiva gibt es auch **Neuroleptika.** Neuroleptika kommen beispielsweise bei einer bipolaren Störung zum Einsatz, werden aber auch bei schizoaffektiven Störungen und schizophrenen Erkrankungen eingesetzt. Neuroleptika wirken beruhigend bei starker Verwirrtheit und Unruhe, weshalb sie gut für eine Langzeittherapie geeignet sind, um Rückfälle zu verhindern. Im

Fall von manischen Symptomen entfalten **typische Neurolepti-ka** schneller ihre Wirkung **als atypische Neuroleptika**. Typische Neuroleptika haben allerdings starke Nebenwirkungen, die von Müdigkeit, über Krämpfen bis zu Bewegungsstörungen reichen. Neuroleptika blockieren die Aufnahme des Botenstoffs Dopamin, sodass das Hirn nicht mehr davon beeinflusst werden kann. Auch bei den typischen Neuroleptika gibt es drei Unterkategorien: Es gibt niedrigpotente Neuroleptika, die stark sedierend und wenig antipsychotisch wirken. Mittelpotente Neuroleptika wirken mittelmäßig sedierend und genauso antipsychotisch. Hochpotente Neuroleptika wirken stark antipsychotisch und wenig sedierend.

Im Verlauf der Therapie mit typischen Neuroleptika wird zu den atypischen Neuroleptika gewechselt, sobald die akuten Symptome der sie einnehmenden Person abgeklungen sind. Die Nebenwirkungen atypischer Neuroleptika fallen nicht so extrem aus wie bei ihren typischen Kollegen. Dadurch sind sie besser verträglich und können bei Schizophrenie und einer Depression eingesetzt werden. Bei Letzterem verhindern sie erneute Krankheitsphasen, bei Ersterem liegt die Behandlung der Negativsymptomatik im Fokus. Die sogenannte Negativsymptomatik der Schizophrenie zeichnet sich durch eine „Verarmung der Sprache und des Gefühlslebens" und eine Antriebsarmut aus. Was die „milderen" Nebenwirkungen anbelangt, so können atypische Neuroleptika Müdigkeit, sexuelle Funktionsstörungen, die Veränderung des Blutbilds und Gewichtszunahme hervorrufen. Daher empfiehlt sich ein regelmäßiges Blutbild, um eventuelle Veränderungen frühzeitig zu erkennen und nachzuvollziehen. Wenn Sie bei der Einnahme von Antidepressiva oder Neuroleptika eine Besserung verspüren, setzen Sie diese Medikamente nicht ab. Sie wissen jetzt, dass diese Psychopharmaka eine gewisse Zeit benötigen, um ihre Wirkung zu entfalten.

Neben diesen „bekannten" Psychopharmaka gib es sogenannte homogene **Tranquilizer** (Englisch: *to tranquilize* – beruhigen). Da diese allerdings zu einer Abhängigkeit führen können, sind diese Medikamente nicht ohne zeitliche Begrenzung und regelmäßige Check-Ups im Sinne von Überwachung einzunehmen. Diese wirken im Gegensatz zu tri- und tetrazyklischen Antidepressiva innerhalb von Minuten beruhigend und sedierend auf das limbische System, das die Emotionen reguliert. Mit der Einnahme von Tranquilizern können vielfältige Nebenwirkung auftreten, wie Gewichtszunahme, Schwindel, Ovulations- und Zyklusstörungen, Müdigkeit und Libidoverlust. Die parallele Einnahme von Alkohol und Schmerzmitteln verstärken die Nebenwirkungen von Tranquilizern zusätzlich – von dieser Kombination ist in jedem Fall abzusehen. Benzodiazepine zählen zu den am häufigsten verwendeten Tranquilizern und wirken stress- und angstlösend bei anhaltenden Spannungszuständen.

Als **Phasenprophylaktika bzw. Stimmungsstabilisierer** wird eine Gruppe von Psychopharmaka bezeichnet, die im Falle von bipolaren Erkrankungen angewendet werden. Sie wirken, wie der Name bereits erahnen lässt, stimmungsausgleichend und sollen das Risiko einer weiteren Krankheitsphase in nächster Zukunft verringern oder besser ganz verhindern. In seiner Wirkungsweise soll Lithium ähnlich antidepressiv wirken und ist in der Suizidprophylaxe das Mittel der ersten Wahl. Stimmungsstabilisierer machen bei längerer Einnahme nicht abhängig, aber die Lithiumtherapie muss individuell angepasst und streng überwacht werden. Die Dosis muss mit dem behandelnden Therapeuten besprochen werden und dieser muss davon ausgehen können, dass der betroffene Patient das Medikament auch in der besprochenen Dosis einnimmt. Das Risiko eines gefährlichen Dosisbereichs ist bei Stimmungsstabilisierern groß, selbst wenn sie nicht abhängig machen. Nach Beendigung der Therapie muss das Medikament langsam ausgeschlichen werden, um das Rückfallrisiko zu verringern. Sollte die Lithiumtherapie nicht den gewünschten Effekt haben und anhaltend mit Nebenwirkungen wie Brechreiz, Durchfall, Muskelschwäche oder unwillkürliche Bewegung der Extremitäten und – allerdings wieder abklingenden – Tremor in den Händen sowie einer Anzahl weiterer Nebenwirkungen einhergehen, so kommen **Antikonvulsiva** zum Einsatz. Antikonvulsiva werden unter anderem bei Epilepsie eingesetzt und wirken krampflösend auf den Organismus, allerdings ist die Anzahl der Nebenwirkungen hoch und reicht neben den weiter oben genannten zusätzlich von Gewichtszunahme über Sprechstörungen und Tremor bis hin zu Blutbildungsstörungen und Knochenmarksschädigung als sogenannte Gegenanzeige beziehungsweise Warnhinweis. In der Schwangerschaft ist die Einnahme von Antikonvulsiva nur dann in Betracht zu ziehen, wenn es keine Alternative gibt. Die Dosis muss dabei möglichst klein gehalten und über den Tag hinweg verteilt werden, sodass die Wirkung auf den Fötus möglichst gering bleibt. Mögliche Folgen im Falle einer Einnahme während der Schwangerschaft können allgemeine Entwicklungsstörungen sowie unter anderem eine jeweils 1%ige Chance von Spina Bifida („offener Rücken") und Mikrozephalie oder eine kurze Nase sein. Auch in der Stillzeit gilt: Die Einnahme von Carbamazepin nur bei Wirkungslosigkeit bei anderen Behandlungsmöglichkeiten. Um Blutungskomplikationen für das Neugeborene zu vermeiden, muss die Mutter in der letzten Phase der Schwangerschaft Vitamin K einnehmen, sowie das Neugeborene nach der Geburt.

Psychopharmaka sind eine nicht zu unterschätzende Gruppe von Medikamenten. Und so sehr sie auch helfen, ist die Liste der Nebenwirkungen ebenso lang. Bis Betroffene für sich die richtige Dosierung des richtigen Medikaments gefunden haben, müssen sie viel ausprobieren und in regelmäßigem Kontakt mit ihrem Neurologen und Therapeuten stehen, damit Veränderungen und Nebenwirkungen schnell erkannt werden und so eine wirksame Behandlung gewährleistet werden kann.

Was ist ein Stigma?

Oftmals werden Menschen mit einer psychischen Erkrankung in eine Schublade gesteckt. Aufgrund ihrer psychischen Erkrankung. Aber was genau ist ein Stigma und wie sieht dieses im Bereich der psychischen Erkrankungen aus?

Ein Stigma bezeichnet die Vorverurteilung eines Menschen aufgrund seiner Erkrankung. Es ist grundlegend für den Ableismus, der die Wahrnehmung neurotypischer Personen einfärbt, selbst wenn dieser unbeabsichtigt ist. Spricht das Gegenüber von seiner psychischen Erkrankung, ist die Annahme, es sei gefährlich und „nicht ganz richtig". Diese Annahme (und somit das Stigma) wurzelt in Unwissenheit, die zu beheben kaum jemand die Zeit zu haben scheint. Somit müssen Menschen mit einer psychischen Erkrankung nicht nur mit ihrer Diagnose leben lernen, sondern auch mit einer Art Grundannahme, dass neurotypische Menschen sie als eine Art „Fehlfunktion" in der eigentlich „normal" funktionierenden sozialen Gesellschaft ansehen. Diese Annahme hat sich in der Menschheitsgeschichte immer wieder einen Platz geraubt und ist für manche sogar bis heute eine „Tatsache".

Ein Mensch mit einer psychischen Erkrankung ist auf medizinische Hilfe angewiesen, ja —aber warum ist das Stigma und die Unwissenheit um dieses Thema wieder „gesellschaftsfähig"? Und überhaupt: Wie kann man eine psychische Erkrankung überhaupt erklären? Vor allem jemandem, der selbst nicht davon betroffen ist?

Der Psychologe Klaus Dörner beschreibt es in seinem Standardwerk „Irren ist menschlich" in etwa so: Der Betroffene ist in einer Sackgasse gelandet, aus der er selbst nicht mehr herausfindet. „Die Suche nach den kranken Anteilen in einem Menschen wird zur Suche nach den derzeitigen Möglichkeiten und Unmöglichkeiten, eine Beziehung zu sich, zu anderen oder zur Umwelt aufzunehmen."

Die Diagnose verändert jeden Bereich des eigenen Lebens. Deshalb ist es wichtig, bereits in der Erziehung dafür zu sorgen, dass das Kind ohne diese Vorurteile einem so empfindlichen Thema gegenüber aufwächst. Es gibt keine Bilderbuch-Familie im engeren Sinn. Jede Familie hat eine Vorgeschichte, ist in irgendeiner Art und Weise für eine Erkrankung prädestiniert und hat ihre Fehler und Vorteile. Das alles ist Teil einer Dynamik, die für Außenstehende selten auf den ersten Blick ersichtlich ist. So gesehen treffen allein bei einem einfachen Kaffeekränzchen unter Freunden gleich mehrere, vielschichtige und grundverschiedene Familiengeschichten mit eigenen Problematiken aufeinander. Aber denken Sie zum Beispiel daran, wenn Sie mit Ihren Freunden unterwegs sind? Wenn Sie diese ein halbes Leben – oder sogar Ihr ganzes Leben – kennen, hat diese Information je Ihr Bild von dieser Person verändert? Nein?

Genau das ist das Problem mit dem Stigma: Die Person mit ihren Eigenschaften – etwas, wie sie ihren Kaffee oder Tee trinkt, welche Farbe sie am liebsten mag und was die kleine Geschichte hinter der Narbe an ihrem kleinen Finger ist – all diese individuellen Merkmale, die einen Menschen ausmachen, verschwinden einfach. Plötzlich ist diese Person „nur" noch bipolar, „nur" noch psychisch krank. Und entweder, Außenstehende verspüren einen dringenden Wunsch, ihr zu helfen oder die Verbindung, die man vor der Diagnose zu ihr hatte, ist nicht stark genug, diese „andere" Seite an dieser Person zu akzeptieren. In diesem Zusammenhang ist es verständlich, dass die Befürchtung vor Verlust einen Menschen mit einer bipolaren Störung stets begleitet. Auch hier erzählt beispielsweise Taylor Tomlinson über ihre Erlebnisse seit der Diagnose Bipolar II. In ihrem aktuellen Netflix-Special „Look At You" (Deutsch: „Sieh' dich an") zitiert sie ihren besten Freund, der Tomlinsons therapeutische Erkenntnisse mit den Worten: „Das ist irgendwie wie mit deinem zweiten Namen – ich wusste nicht, welcher es ist; aber ich wusste, dass du einen hast", bedachte. Ihr humorvoller Umgang mit dem Thema zeigt, dass dieser dringend notwendig und Therapie, Diagnose und ein offener, vorurteilsfreier Dialog über psychische Erkrankungen möglich ist. Selbst wenn man das Wort „Erkrankung" näher betrachtet, wird klar: Dieses Wort, so Maike Johanssen in Ihrer Diplomarbeit „Stigmatisierungserleben psychisch erkrankter Menschen" (2006), setzt den Wunsch nach einer Heilung voraus. Im psychiatrischen Umfeld werden Betroffene entsprechend als Patienten bezeichnet. Im Gegensatz dazu hält „Krankheit" Betroffene davon ab, ihr „neues Normal" zu akzeptieren und sich therapeutisch oder allgemein medizinisch damit auseinanderzusetzen. Johanssen bezieht sich in ihrer Arbeit auf die Sozialpädagogin Manuela Nüesch, die statt „psychischer Erkrankung" den Begriff „psychische Behinderung" alternativ vorschlägt. Darauf folgt aber eine weitere Problematik: Auch das Wort „Behinderung" ist negativ konnotiert.

Behinderung – von einem Stigma zum nächsten?

Die „moderne" Gesellschaft weigert sich, das Wort in den Mund zu nehmen. „Du bist einfach anders", „Du bist halt gehandicapt" oder „Ich finde, man merkt das auf den ersten Blick gar nicht." Aber: offizielle Dokumente wie der Schwerbehindertenausweis verwenden es relativ neutral. Es ist lediglich ein Ausweis, der den öffentlichen Nahverkehr über diese Behinderung informiert und den Träger berechtigt, den ÖPNV kostenfrei zu nutzen. Warum tut man sich also schwer damit, „Behinderung" zu sagen? Die unterschwellige Erkenntnis bringt einen dazu, sich damit auseinanderzusetzen: Welche Assoziationen hat man selbst mit dem Wort? Wie tief sitzt der Schock über sich selbst, sobald man realisiert, dass diese sich eher auf der negativen Seite befinden? Grob geraten: Liegt die Assoziation mit dem Wort etwa in einem ähnlichen Cluster (denken Sie an eine Mind-Map) wie „hilflos", „arm dran" und „zurückgeblieben"? Die Vorstellung, dass ein Mensch mit Behinderung ein eigenständiges und autonomes Leben führen kann, ohne konstant auf die Hilfe anderer angewiesen zu sein, die kommt für Nicht-Betroffene erst später.

Die Lösung der modernen Gesellschaft dafür ist sogenanntes „Inspiration Porn". Inspiration Porn bezeichnet die Instrumentalisierung von Menschen mit Behinderung durch Menschen, die es nicht sind. Es gibt unzählige Videos wie diese in den sozialen Medien: Eine Braut, eigentlich Rollstuhl-Nutzerin, schreitet mit einem floral geschmückten Rollator zum Altar. Es soll ein emotionaler Moment sein, die Gäste sind zu Tränen gerührt. Dass die Braut den Rollstuhl eigentlich aus einem bestimmten Grund benutzt und sichtlich Schmerzen unterdrücken muss, ist zweitrangig. Ein weiteres Video zeigt die Trauzeugen, die den Bräutigam mit vereinten Kräften aus dem Rollstuhl heben, damit dieser mit ihrer Hilfe den ersten Tanz mit seiner Frau tanzen kann. Aber ist das denn notwendig? Hat es der Bräutigam nicht auch ohne seine Trauzeugen geschafft, eine stabile, gesunde Beziehung aufzubauen? Immerhin sind seine Trauzeugen nicht 24/7 verfügbar oder überhaupt Teil der Beziehung. Erfolgsgeschichten von Menschen mit Behinderung dienen im Kontext von Inspiration Porn dazu, die meist nicht-behinderten Nutzer und Zuschauer zu motivieren. Im Grunde genommen ist die Aussage: „Wenn er es trotz seiner Behinderung schafft, welche Ausrede habe dann ich, es nicht zu tun?"

Eine Behinderung wird als ein unumkehrbarer Zustand angesehen. Man ist mit einer Behinderung „geschlagen" oder man ist „an den Rollstuhl gefesselt". Eine „psychische Behinderung", wie Nüesch vorschlägt, bietet Außenstehenden die Möglichkeit, andere mit einer solchen zu Diagnose „zu betiteln", selbst wenn überhaupt kein Grund dafür vorliegt. Die Kontrolle wird nach außen verlagert und den Betroffenen genommen, weshalb dieser Vorschlag auch mit Kritik zu betrachten ist.

Selbstverständlich wirkt sich ein Stigma auf den Selbstwert aus. Fragen Sie all jene, die mit diesen zu kämpfen haben und hinterfragen Sie parallel Ihre eigenen Assoziationen. Stigmata kommen in der Gesellschaft immer dann zum Vorschein, wenn jemand nicht in das gesellschaftlich akzeptierte Bild passt und von einer unsichtbaren Norm abweicht, die gar nicht vorhanden sein sollte.

Analphabeten können nicht lesen, allerdings orientieren sie sich zum Beispiel an Straßenschildern und oft fällt es jahrelang nicht auf. Sobald allerdings ans Licht kommt, dass jemand ein Analphabet ist, prasseln die Fragen nach dem Warum ein. Dyskalkulie, Lese-Rechtschreib-Schwäche, Sprachstörungen wie Stottern –alle stigmatisiert. Dabei liegt ein Stigma niemals im Ermessen des Betroffenen. Es kommt eher von denjenigen, die ihr Leben nicht damit bestreiten müssen. Behinderung und die zusätzlich noch in diesem Kapitel genannten Beispiele sollen nicht den Eindruck erwecken, dass alles in einen Topf mit psychischen Erkrankungen und Persönlichkeitsstörungen geworfen wird. Dieses Kapitel soll verdeutlichen, dass es in allen Bereichen des Lebens ein Stigma gibt, weil sie eben von Generation zu Generation weitergegeben werden wie ein Familienerbstück, von dem man ausgeht, dass es einfach zum Erbe dazugehört. Es wird angenommen und weitergegeben, angenommen und weitergegeben. Sozial bewährt und langlebig, im Sinne von hartnäckig. Diesen Kreislauf zu durchbrechen (sei es, weil man selbst eine psychische Erkrankung hat oder ein Familienmitglied oder eben gar keinen anderen Grund, außer sich damit auseinandersetzen zu wollen), ist harte Arbeit. Auch wenn das Stigma unbewusst war: Sobald man das Stigma lokalisiert hat, muss man daran arbeiten und sich selbst korrigieren. Eine 180°-Wendung passiert selten von heute auf morgen. Veränderung ist ein konstanter Prozess, den man immer wieder neu angehen muss.

Wenn Stigmatisierung nicht im Ermessen des Betroffenen liegt, wie kann man sich dagegen abschirmen?

Auch das ist langwierige Arbeit. Das Ziel ist, sich bewusst zu machen, dass Stigmata (griechisch für „Stich" oder „Brandmahl", das die Sklaven kennzeichnete) sich nicht auf die eigene Persönlichkeit zurückführen lassen. Vielmehr sind sie ein Zeichen für Vorurteile, die wiederum auf Unwissenheit fußen. Dabei ist es nicht die Aufgabe von Betroffenen, dem anderen als eine Art Professor in diesem Themenfeld zu dienen und ihm die verzweigte Welt der psychischen Störungen, körperlichen und geistigen Behinderungen, der Stigmata, die sie begleiten und ihre eigene Krankheitsgeschichte in dieser Konstellation zu erläutern. Sie müssen anderen nichts beibringen und müssen diese Grenze für ihre eigenen Nerven und Ressourcen gleich von Anfang an ziehen. Es muss klar sein, dass man sich selbst über interessante Dinge informieren kann und muss. Betroffene sind nicht Experten ihrer Diagnose, weil auch sie ständig dazulernen. Auch Therapeuten, Psychiater und Ärzte müssen sich regelmäßig auf den neuesten Wissensstand lesen.

Myers-Briggs-Persönlichkeitsindikator

Im Folgenden finden Sie eine Definition und Erläuterung des Myers-Briggs-Persönlichkeitsindikators. Diese Ausführungen sollen Ihnen einen Überblick über die Vorteile dieses Persönlichkeitsindikators geben.

Die Auflistung der verschiedenen Persönlichkeitstypen kann dabei helfen, sich einen Eindruck über die möglichen Persönlichkeitstypen zu verschaffen. Vielleicht finden Sie Gemeinsamkeiten zu Menschen in Ihrem Umfeld und können diese Personen mithilfe dieser Auflistung besser einschätzen. Zudem kann Ihnen diese Auflistung dabei helfen, sich selbst besser einzuschätzen.

Diese Selbsteinschätzung kann nur mithilfe einer kritischen Selbstreflexion erfolgen. Dies bedeutet konkret: Sie müssen Ihr eigenes Handeln und Denken kritisch hinterfragen. Seien Sie ehrlich zu sich selbst. Legen Sie wertendes Denken ab. Seien Sie auch nicht zu kritisch zu sich selbst.

Der Myers-Briggs-Persönlichkeitsindikator ist ein von Mutter Katherine Briggs und Tochter Isabel Myers nach den Lehren von C. G. Jung entwickeltes und inzwischen bekanntes Tool, um die persönlichen Stärken eines Menschen zu kategorisieren und ihn in der Berufswelt besser einzuordnen. Laut der Myers-Briggs-Foundation hat dieser Test eine Trefferquote von 90 %. Es gibt aber auch Abweichungen, die dafür sorgen, dass der Indikator keine präzisen Aussagen treffen kann und Testpersonen in einem bestimmten Beruf bei einem wiederholten Persönlichkeitstest ein anderes Ergebnis erhalten. Somit ist der MBTI (Myers-Briggs-Type-Indicator) zwar bekannt und beliebt, sollte aber individuelle Entscheidungen nicht unumstößlich beeinflussen.

Bevor auf die einzelnen Persönlichkeitstypen eingegangen wird, muss zuerst die Bedeutung hinter den einzelnen Buchstaben erklärt werden, die sie zusammenstellen. Da die Bezeichnungen in Englisch sind, werden die Begriffe im Folgenden gegebenenfalls bestmöglich übersetzt. Die hinter diesen Buchstaben stehenden Eigenschaften sind laut dem MBTI in allen Menschen vorhanden, nur in unterschiedlich starker Ausprägung.

In erster Linie geht es um **I**ntroversion oder **E**xtraversion. Dann folgen die Punkte Denken (**T**hinking) und **F**ühlen: Sind Sie eher sensibel und empathisch in Ihren Entscheidungen oder fällen Sie Ihre Entscheidungen nüchtern und orientieren sich dabei an der Logik? Danach kommen die Punkte Beurteilen (**J**udging) und Wahrnehmen (**P**erceiving): Denken Sie in festen Kategorien oder sind Sie flexibler und können sich sowie Ihre Pläne eventuell anpassen? Die Punkte **S**ensitivität und **IN**tuition schließen die Aufzählung. Dabei geht es darum, ob Sie Ihre Entscheidungen aus dem Bauch heraus treffen oder eher faktenbezogen agieren.

Die nun folgenden 16 Persönlichkeiten haben selbstverständlich Gemeinsamkeiten und Unterschiede. Um für ein besseres Verständnis dieses Konzeptes zu sorgen, werden jeweils bekannte Persönlichkeiten dieses Typs sowie fiktive Charaktere aufgelistet, die diesen Typ aufgrund ihres Verhaltens und ihrer Motivation verkörpern.

ISTJ – The Inspector

Dieser Persönlichkeitstyp wird im Deutschen als „der Logistiker" übersetzt. Sein enormes Verantwortungsbewusstsein garantiert Ihnen die Erfüllung einer jeden Aufgabe, die Sie dem Logistiker zuteilen. Er bewertet die gegebenen Informationen und kommt zu einem zufriedenstellenden Plan. Regeln sind für diesen Persönlichkeitstyp nicht nur Richtlinien, sondern bindend. Er schätzt die Wahrheit und sagt diese auch, weshalb er von seinem Umfeld das Gleiche erwartet. In einem Logistiker finden sie einen Menschen, der Integrität, Einsatzbereitschaft, Ehrlichkeit und Verlässlichkeit an den Tag legt. Um sich ein Bild von diesem Persönlichkeitstyp zu machen, können einige Beispiele aus dem realen Leben sowie aus der Welt der Literatur helfen. Da der MBTI jedoch keine allzu genauen Angaben zu der Persönlichkeit einer prominenten Person machen kann, nehmen Sie die nun folgenden Namen höchstens als eine Art Richtlinie oder grobe Schätzung wahr:

<u>Berühmte Persönlichkeiten</u>

- Die Altkanzlerin Angela Merkel
- Der 44. Präsident der USA, Barack Obama
- Tennis-Profi und Grand-Slam-Legende Serena Williams
- Oscar-Preisträgerin Meryl Streep
- Schauspieler, Bodybuilder und ehemaliger Gouverneur von Kalifornien, Arnold Schwarzenegger
- Ballerina Misty Copeland

<u>Fiktive Charaktere</u>

- Captain Raymond Holt, Brooklyn 99
- J. K. Rowlings Minerva McGonnagal

- DC Comics Bruce Wayne (Batman)
- Arthur Conan Doyles legendärer Detektiv Sherlock Holmes
- Lisa Simpson
- Katniss Everdeen (Die Tribute von PANEM)

Sobald man konkrete Namen hat, kann man die Persönlichkeitstypen besser zuordnen. Das Konzept wird einigermaßen nachvollziehbarer, denn vor allem bei fiktiven Charakteren ist die Wahrscheinlichkeit größer, diese eher zu erkennen. Das Gehirn benötigt eine Art Input, um mit einer Erinnerung reagieren zu können. Vor allem, wenn es einem schwerfällt, den Namen einem Gesicht zuzuordnen, können die Helden aus den Lieblingsbüchern eine große Hilfe sein. Schließlich ist mit der Geschichte meist eine positive Emotion verknüpft, vor allem, wenn es das Lieblingsbuch ist. Und da sich jeder eine Buchfigur individuell vorstellt und diese in zwei Köpfen selten gleich aussieht, hilft die Assoziation mit dem Charakter.

ISTP – The Crafter

Der im Deutschen als „der Virtuose" bezeichnete Typ ist voller Tatendrang. Er ist handwerklich begabt und praktisch veranlagt. Das heißt, er baut gerne Dinge zusammen und benutzt dabei die verschiedensten Werkzeuge. Außerdem ist er sehr spontan, was allerdings das eine oder andere Mal zu Konflikten führen kann. Doch das Talent des Virtuosen, Dingen auf den Grund zu gehen und sie verstehen zu wollen, sich sprichwörtlich „hineinzufuchsen" und dann mit einer Lösung um die Ecke zu kommen, macht ihn zu einem Ass im Ärmel eines jeden Teams.

Berühmte Persönlichkeiten

- Walt Disney
- Albert Einstein
- Marie Curie
- John F. Kennedy
- Vincent van Gogh
- Harry Houdini

Fiktive Charaktere

- Rey aus den neuen „Star Wars"-Filmen
- Mulan (Die Disney-Figur — eine reale Mulan gab es tatsächlich, nur ist über die Persönlichkeit dieser Generalin wenig bekannt)
- Indiana Jones
- James Bond
- Ron Swanson aus der Serie „Parks & Rec"

ISFJ – The Protector

„Der Verteidiger" ist einer der am häufigsten verbreiteten Persönlichkeitstypen neben dem Logistiker. Er ist am ehesten in sozialen Berufen zu finden, in denen er Menschen helfen kann. Denn er ist altruistisch veranlagt und loyal. Haben Sie es einmal in den innersten Kreis des Verteidigers geschafft, haben Sie einen Freund fürs Leben gewonnen, denn er wird Sie stets bestmöglich unterstützen und für Sie da sein. Sein Moral-Kompass ist wie kein anderer, aber er hat aus demselben Grund auch Schwierigkeiten, mit Veränderungen umzugehen und ist sehr selbstkritisch.

Berühmte Persönlichkeiten

- Anti-Apartheid-Aktivist und der erste demokratisch gewählte Präsident Südafrikas, Nelson Mandela
- Anne Frank
- Krankenschwester Florence Nightingale, die die Krankenpflege und Medizin mit ihren Ansichten zur wichtigen Rolle der Hygiene im Krankenhaus im Zusammenhang mit der Genesung der Patienten stellte und so das englische Sanitätswesen des 19. Jahrhunderts revolutionierte
- Sängerin Aretha Franklin, die in den 1960ern die Bürgerrechtsbewegung der Afroamerikaner unterstützte und sich bis zu ihrem Tod im Jahr 2018 weiter für diese Themen starkmachte
- „Luke Skywalker"-Darsteller Mark Hamill
- „The Daily Show"-Moderator und Comedian, Trevor Noah

Fiktive Charaktere

- Belle aus Disneys „Die Schöne und das Biest" (1991)
- Atticus Finch aus dem Roman „Wer die Nachtigall stört"
- Captain America, Steve Rogers
- Forrest Gump
- Alice aus „Alice im Wunderland"
- Sherlock Holmes treuer Begleiter und Freund, John H. Watson

ISFP – The Artist

Der im Deutschen als „der Abenteurer" bezeichnete Persönlichkeitstyp ist ein kreativer Kopf. Entsprechend beobachtet er seine Umgebung genau und weiß, seine sensiblen Fühler auszustrecken. Diese offene, teils sogar impulsive und spontane Art sorgt dafür, dass der Abenteurer schnell Freunde gewinnt und viele Sympathiepunkte sammeln kann. Seine Spontanität kann aber auch dafür sorgen, dass der Abenteurer Entscheidungen nicht schnell genug trifft und somit unvorhersehbar erscheint. Außerdem ist er aufgrund seiner sensiblen Wahrnehmung sehr schnell reizüberflutet und überfordert.

Berühmte Persönlichkeiten

- Zweifacher Grammy-Gewinner und Sänger/Songwriter Frank Ocean
- Hollywood-Ikone Audrey Hepburn
- Musik-Genie und Komponist Wolfgang Amadeus Mozart
- Ehemalige First Lady der USA und Stil-Ikone der 1960er, Jacqueline Kennedy Onassis
- Prinzessin Diana
- Künstler und Moderator von *The Joy of Painting*, Bob Ross

Fiktive Charaktere

- Shaggy Rogers aus „Scooby Doo"
- Jon Snow aus „A Game of Thrones"
- Harry Potter

- Dr. Meredith Grey aus „Grey's Anatomy"
- Prinz Zuko aus „Avatar: Der Herr der Elemente"
- „Stranger Things"-Heldin Jane Hopper, alias Eleven oder „Elfie"

INFJ – The Advocate

Der Persönlichkeitstyp des Advokaten (beziehungsweise des Rechtsanwalts) hat seine Werte. Er geht selbstsicher vor, um seine Absichten zu verteidigen, aber ist eigentlich ein stiller und ruhiger, sensibler und zurückhaltender Typ. Seiner Art entsprechend verteidigt er die, die ihm lieb und teuer sind und trifft seine Entscheidungen erst nach reichlicher Überlegung. Laut Carl Gustav Jung kommt dieser Persönlichkeitstyp am seltensten vor, denn nur 1 % können ihm zugeordnet werden. Der INFJ möchte sein Umfeld inspirieren und nicht nur dabei helfen, gesetzte Ziele zu erreichen. Sein eigenes Ziel ist es demnach nicht nur, zu retten, sondern er ist selbst idealistisch und möchte anderen dabei helfen, sich selbst zu verbessern und die beste Version ihrer selbst zu werden. Eine seiner Schwächen liegt jedoch darin, dass er aufgrund dieser Ideale als Person schwer zu deuten ist. Man kann ihn nicht lesen wie ein offenes Buch, denn er lässt einen kaum „hinter die Kulissen" seiner Gedanken oder Absichten blicken.

Bekannte Persönlichkeiten

- Mutter Theresa
- Martin Luther King
- Narnia-Autor C. S. Lewis
- Sängerin und Songwriterin Lauryn Hill
- Autorin, Dichterin und Aktivistin Maya Angelou
- Turnerin und Gold-Medaillen-Gewinnerin Simone Biles

<u>Fiktive Charaktere</u>

- Hobbit Frodo Beutlin
- Prinzessin Leia aus „Star Wars"
- Der zeitreisende Abenteurer Dr. Who
- James „Jem" Carstairs, Protagonist der „Chroniken der Schattenjäger"-Trilogie von Cassandra Clare
- Jay Gatsby, Hauptfigur von F. Scott Fitzgeralds „Der große Gatsby"
- Marvel-Antiheld Loki Laufeyson

INFP – The Mediator

Der Idealist unter den Persönlichkeitstypen hat feste Vorstellungen von Moral, Anstand und Recht. Seine Motivation ist somit nicht die Belohnung, die auf seine Taten folgen wird, sondern die Reinheit seiner Absichten selbst. Von introvertiertem Charakter, verbirgt der INFP ein ganzes Universum an Gedanken und Gefühlen, die er durch tiefgründige Gespräche mit anderen zu teilen vermag. Als Mediator ist er neutral und wird von seinen Freunden für seine ruhige Einstellung bewundert, wenn es eine besonders verzwickte Situation erfordert. Seine Ideale sind unerschütterlich, denn die Kombination aus fantasiereicher Kreativität und selbstloser Natur lassen den INFP in erster Linie das Gute im Menschen sehen.

Manchmal kann diese Kombination allerdings dafür sorgen, dass er nicht sehen kann oder will, wie viel Gutes er für sein Umfeld bereits getan hat. Seine Suche (beziehungsweise sein Wunsch nach Harmonie) macht ihn zu einem hilfsbereiten, aber gleichzeitig zu altruistischen Menschen. Die Ansprüche an sich selbst sind hoch, weshalb phasenweise auch tiefgreifende Melancholie nicht unüblich ist. Laut MBTI sind 4 % der Bevölkerung INFPs.

Bekannte Persönlichkeiten

- Oscar-Preisträgerin Julia Roberts
- Soul- und R&B-Sängerin sowie 15-fache Grammy-Gewinnerin Alicia Keys
- Loki-Darsteller Tom Hiddleston
- Dramatiker, Lyriker und Schauspieler William Shakespeare
- Britischer Autor und namhafter Dichter der Romantikbewegung, William Wordsworth
- Niederländischer Künstler des Impressionismus, Vincent van Gogh

Fiktive Charaktere

- Die jüngste der „Downton Abbey" Crawley-Schwestern, Sybil Branson
- Die „Mutter der Drachen" und „Sturmgeborene", Daenerys Targaryen aus „Game of Thrones"
- Marshall Eriksen aus „How I Met Your Mother"
- Arwen Undómiel aus „Herr der Ringe"

INTJ – The Architect

„Der Architekt" ist mit 2 % unter den Männern und 0,8 % unter den Frauen der einsame Wolf unter den Persönlichkeitstypen in der Bevölkerung. Der natürliche Wissensdurst eines INTJ motiviert ihn dazu, die Welt immer wieder neu ergründen zu wollen. Festgelegte Regeln, Traditionen oder sonstige derartige Richtlinien müssen seiner Meinung nach immer hinterfragt werden, weshalb ein Architekt durchaus den Eindruck eines arroganten Persönlichkeitstypen machen kann. Er ist unglaublich gut informiert, was zusätzlich dazu führt, dass er unabhängig durch die Welt geht und vielleicht sogar ein wenig unsozial rüberkommt. Der INTJ agiert nicht, wenn er die Hintergrundmotivation hinter einem Auftrag nicht erkennt oder versteht. Nachvollziehbar, wenn man ihn kennt — allerdings kämpferisch oder gar streitlustig für Außenstehende. Weil er so rational veranlagt ist, könnten Emotionen im Entscheidungsprozess einen Störfaktor für ihn darstellen. Allerdings wäre die Welt ohne den widersprüchlichen, aber visionären Architekten ein wirklich farbloser Ort.

Bekannte Persönlichkeiten

- Die einstige First Lady Michelle Obama
- Hollywood-Regisseur Christopher Nolan
- Der ehemalige Gouverneur von Kalifornien und Terminator-Schauspieler Arnold Schwarzenegger
- „Der Pate"-Regisseur Francis Ford Coppola
- Komponist Ludwig van Beethoven
- Musik-Genie und Komponist Wolfgang Amadeus Mozart

Fiktive Charaktere

- „Heisenberg" Walter White aus der Serie „Breaking Bad"
- Sherlock Holmes Gegenspieler und Master Mind Professor Moriarty
- „Kleinfinger" und „Meister der Münze", Petyr Baelish aus „Game of Thrones"
- Yennefer of Vengeberg aus „The Witcher"

- Kat Stratford aus „10 Dinge, die ich an dir hasse"
- Hannibal Lecter aus „Das Schweigen der Lämmer"

INTP – The Thinker

Wie der Name bereits verrät, ist der auch als „Logiker" bezeichnete Denker stets dabei, über seine Umwelt und die kleinen Details darin nachzudenken. Er ist lösungsorientiert, will die Dinge verstehen und bietet schnell Lösungen für auftretende Probleme. Dadurch, dass ein Logiker viel Zeit in seinem Kopf verbringt, weiß er nicht recht mit den Gefühlen in seinem Umfeld umzugehen. Wenn sich Freunde oder Familie Unterstützung oder einfach nur emotionale Zuwendung von ihm wünschen, versucht er, die perfekte Option von allen zu finden und denkt lange darüber nach, bevor er diese findet. Dabei gerät der INTP allerdings in eine Starre oder „Analyse-Paralyse", sodass es am Ende eher so aussieht, als würde er sich vor Emotionen jeglicher Art verschließen.

Bekannte Persönlichkeiten

- Microsoft-Gründer Bill Gates
- Physiker Isaac Newton
- Viktor Hargreeves-Darsteller Elliot Page
- Albert Einstein
- Schauspielerin Kristen Stewart
- Marie Curie

Fiktive Charaktere

- Velma Dinkley aus „Scooby Doo"
- Hicks aus „Drachenzähmen leicht gemacht"
- Chidi Anagonye aus „The Good Place"

- Elliot Alderson aus „Mr. Robot"
- Mr. Bennet aus „Stolz und Vorurteil"
- Betee Latier aus „Die Tribute von PANEM"

ESTP – The Persuader

„Der Entrepreneur" ist ein Visionär. Er zieht es vor, neue Wege zu gehen und schreckt vor dem einen oder anderen Risiko auch nicht zurück. Der ESTP ist ein eher extrovertierter Typ und für ihn sind Regeln da, um sie zu brechen. Daher sind Schulen oder andere Institutionen, die auf bestimmten Regeln basieren, eher ein weniger produktives Umfeld für ESTPs. Dabei soll das nicht heißen, dass sie nicht klug sind. Sie blühen in diesem Umfeld einfach nicht auf. Andererseits kann man die ESTPs immer im Zentrum der Aufmerksamkeit entdecken, beispielsweise auf Partys. Sie wagen den Sprung, ohne viel nachzudenken und lösen eventuelle Probleme auf dem Weg zum Ziel.

Bekannte Persönlichkeiten

- Schauspieler und Comedian Eddie Murphy
- Queen of Pop, Madonna
- Schauspieler Jack Nicholson
- „Der Mann und das Meer"-Autor Ernest Hemmingway
- Der ehemalige französische Präsident Nicolas Sarkozy
- Marty McFly-Darsteller Michael J. Fox

Fiktive Charaktere

- Hank Schrader aus „Breaking Bad"
- Lincoln Burrows aus „Prison Break"
- Gabrielle Solis aus „Desperate Housewives"

- D'Artagnan aus „Die drei Musketiere"
- Rocket aus „Guardians of the Galaxy"
- Marvel-Held Ant-Man

ESTJ – The Director

„Der Direktor" oder „Executive" geht mit gutem Beispiel voran. Er ist ein Vorbild und dirigiert nicht nur vor sich hin, sondern führt an. ESTJs sind der hilfsbereite Nachbar und der gesetzestreue Bürger. Allerdings fällt es ihnen schwer, zu glauben, dass nicht jeder dieselben, noblen Absichten hat wie sie und ihr Verhalten deshalb anders motiviert ist. Es fällt ihnen außerdem schwer, die Zügel aus der Hand zu geben und sich zurückzulehnen. In unkonventionellen Situationen, die keine wirkliche Ordnung oder Tradition aufweisen, fühlt sich dieser Persönlichkeitstyp extrem unwohl. Entsprechend ist er eher unflexibel und wirkt sogar dickköpfig. Dabei kennen sie den Wert von harter Arbeit und sind etwa in Krankenhäusern, im Militär oder in Anwaltskanzleien zu finden.

Bekannte Persönlichkeiten

- Der ehemalige Präsident der USA, Lyndon B. Johnson
- Sänger Frank Sinatra
- Britische Schauspielerin und Rey-Darstellerin Daisy Ridley
- Hermione Granger-Darstellerin Emma Watson
- TV-Juror Simon Cowell
- TV-Koch Gordon Ramsay

Fiktive Charaktere

- Malia Tate aus „Teen Wolf"
- Dwight Schrute aus „The Office"

- Sheriff Jim Hopper aus „Stranger Things"
- Dr. Lisa Cuddy aus „Dr. House"
- Richard Gilmore aus „Gilmore Girls"
- Amy Santiago aus „Brooklyn 99"

ESFP – The Performer

Der extrovertierte Entertainer ist der perfekte Gastgeber. Er weiß zu unterhalten und will sein Umfeld dazu animieren, mal so richtig aus sich herauszugehen. Dabei ist er kein unkontrollierbares Party-Tier, sondern kann mit geistreichen Gesprächen, kreativen Ansichten und einem tiefgehenden Sinn für Ästhetik überzeugen. Nicht nur, was seine Gastfreundschaft angeht, sondern absolut alles von Kopf bis Fuß: Auftreten, Kleidungsstil und Energie. Ein ESFP ist immer bereit, Neues auszuprobieren und deswegen immer für einen ereignisträchtigen Spaß zu haben. Menschen dieses Persönlichkeitstyps sind meist tatsächlich Schauspieler oder anderweitig im Showbusiness tätig, weshalb es mit einem spontanen ESFP ganz sicher niemals langweilig wird. Allerdings kann genau diese Spontanität dafür sorgen, dass sie schlecht langfristig planen können und deshalb auch relativ empfindlich reagieren, wenn etwas nicht ihren Vorstellungen entspricht. Sie sind sehr sensibel und ziehen es vor, Konflikten aus dem Weg zu gehen. Entsprechend wird es einem ESFP schnell langweilig und er kann sich schlecht für eine längere Zeitspanne auf etwas konzentrieren.

Bekannte Persönlichkeiten

- TV-Koch Jamie Oliver
- Musik-Legende Elton John
- „Crocodile Hunter" Steve Irwin

- 15-fache Grammy-Gewinnerin Adele
- Hollywood-Ikone Marilyn Monroe
- Oscar-Preisträger Jamie Foxx

Fiktive Charaktere

- Jaskier aus „The Witcher"
- Jack Dawson aus „Titanic"
- Ygritte aus „Game of Thrones"
- Captain Marvel aus dem gleichnamigen Film
- Angela Montenegro aus „Bones"
- Penny aus „The Big Bang Theory"

ESFJ – The Caregiver

Dieser Persönlichkeitstyp ist seinem Namen entsprechend fürsorglich. Er ist altruistisch veranlagt und findet das Leben am schönsten, wenn man Erlebnisse mit anderen teilen kann. Auch als „Der Konsul" bezeichnet, ist er derjenige, der dafür sorgt, dass alles glattläuft und sich niemand vernachlässigt fühlt. ESFJs mögen Struktur und Ordnung, weshalb sie lieber geplante Treffen bevorzugen als spontane Einladungen mit offenem Ende. Außerdem konzentrieren sie sich letztlich darauf, mit einem guten Beispiel voranzugehen und so die Menschen für ein gemeinsames Ziel zusammenzubringen.

Bekannte Persönlichkeiten

- Sängerin Taylor Swift
- TV-Moderator Steve Harvey
- Sängerin Jennifer Lopez

- Der ehemalige Präsident Bill Clinton
- Schauspielerin Jennifer Garner
- Supermodel Tyra Banks

<u>Fiktive Charaktere</u>

- Dean Winchester aus „Supernatural"
- Sansa Stark aus „Game of Thrones"
- Cersei Lannister aus „Game of Thrones"
- Mrs. Hudson aus „BBCs SHERLOCK"
- Monica Geller aus „Friends"
- Jack Shepherd aus „Lost"

ENFP – The Campaigner

ENFPs sehen die Welt mit anderen Augen. Für sie ist sie voller Abenteuer und Geschichten, voller Reisen und grenzenlosen Erfahrungen. Zwar sehen sie die Welt mit anderen Augen, aber diese sind weit offen, sodass sie die kleinen Dinge des Lebens sehen und wertschätzen können. Die kleinen Dinge, die für sie voller Magie und Freuden sind. Diese Herangehensweise schätzt das Umfeld des Abenteurers und lässt sich gerne von seiner positiven Sicht auf die Dinge mitziehen. ENFPs mögen es, sich von ihren Erlebnissen inspirieren zu lassen und sind deshalb immer für eine interessante Unterhaltung gut. Dadurch, dass sie allerdings immer auf dem Sprung zu sein scheinen, wirken sie bisweilen etwas ruhelos und als würden sie nicht wissen, wo ihnen der Kopf steht. Sie würden es gern immer allen recht machen, so gut es geht, aber da das selten möglich ist, könnte der übermäßige Optimismus der ENFPs manchmal auch mit der trockenen Realität in Konflikt geraten.

Bekannte Persönlichkeiten

- Iron Man-Darsteller Robert Downey Jr.
- Schauspieler und Comedian Robin Williams
- Sängerin und Talk Show-Host Kelly Clarkson
- MIB und „Fresh Prince" Will Smith
- „Kill Bill"- Regisseur Quentin Tarantino
- Hollywood Schauspielerin Sandra Bullock

Fiktive Charaktere

- Spider-Man
- Phil Dunphy aus „Modern Family"
- Michael Scott aus „The Office"
- Peeta Mellark aus „Die Tribute von Panem"
- Piper Chapman aus „Orange is the New Black"
- Jennifer Keller aus „Stargate Atlantis"

ENFJ – The Protagonist

Die auch als „Protagonisten" bezeichneten ENFJs sind die geborenen Anführer. Nicht nur, weil sie ihr Umfeld motivieren können, sondern auch, weil sie den Mut haben, sich für das Richtige einzusetzen. Wenn jemand eine Gruppe dazu anspornen kann, ihre Sicht auf die Dinge zum Positiven zu verändern, dann sind es die Protagonisten. Sie gehen allen voran und das mit lupenreinen Absichten, beinahe heldenhaft! Ihre Freunde und Familie sind den Protagonisten für ihre loyale Unterstützung und ihren tiefgehenden Rat dankbar, denn ENFJs sind immer für diejenigen da, die ihnen wichtig sind. Diese Idealisten neigen allerdings auch dazu, die Probleme anderer als ihre eigenen anzunehmen und sich so praktisch konstant selbst „auszulaugen".

Bekannte Persönlichkeiten

- Schauspieler John Cusack
- Talk Show-Legende Oprah Winfrey
- Schauspieler Ben Affleck
- Nobelpreis-Trägerin Malala Yousafzai
- Oscar-Gewinnerin Jennifer Lawrence
- James Bond-Darsteller Sean Connery

Fiktive Charaktere

- Elizabeth Bennet aus „Stolz und Vorurteil"
- Seeley Booth aus „Bones"
- Skyler White aus „Breaking Bad"
- Isobel Crawley aus „Downton Abbey"
- Laurel Lance aus „Arrow"
- Morpheus aus „MATRIX"

ENTP – The Debater

Die Debattierer unter den Persönlichkeitstypen sind bis an die Zähne mit Fakten, Zahlen und Informationen bewaffnet. Es wird schwer sein, sie sprachlos zu machen. Vor allem, weil sie nicht davor zurückschrecken, Dinge infrage zu stellen. Ähnlich wie die Architekten, gehen Debattierer darin auf, zuvor als festgelegt geglaubte Gegebenheiten bis ins kleinste Detail zu hinterfragen und so regelrecht auseinanderzunehmen. Im Gericht ist er der mit allen Wassern gewaschene Anwalt, der im Abend-Krimi die Geschworenen von der Unschuld seines Mandanten überzeugen kann. Aufgrund dieser Verbissenheit wirkt der ENTP stur oder gar intolerant und kann sich manchmal schwer damit tun, sich auf praktische Tätigkeiten zu konzentrieren, weil er so sehr in seinen Gedanken versunken ist.

Bekannte Persönlichkeiten

- Musiker Alfred „Weird Al" Yancovic
- Comedian und Schauspielerin Sarah Silverman
- Hollywood-Star Tom Hanks
- „Huckleberry Finn"-Autor Mark Twain
- Pop-Sängerin Céline Dion
- Erfinder Thomas Edison

Fiktive Charaktere

- Tyrion Lannister aus „Game of Thrones"
- Irene Adler aus „BBCs SHERLOCK"
- Batman-Gegenspieler The Joker
- Captain Jack Sparrow aus der „Fluch der Karibik"-Reihe
- Doc Brown aus „Zurück in die Zukunft"
- Jim Halpert aus „The Office"

ENTJ – The Commander

Der Persönlichkeitstyp des Kommandanten ist ein Stratege: Sein Talent liegt besonders darin, Ziele langfristig zu planen und mit genügend Zeit und Geduld an ihnen zu arbeiten. Er hat große Pläne und Visionen, die er mit eisernem Willen verfolgt. Hat er eine Idee und ein Konzept dafür zusammengestellt, so ist seine Motivation nicht zu unterschätzen, denn er will und wird sein Ziel erreichen. Ein Anführer mit so einem unerschütterlichen Charakterzug ist also ein Vorbild für alle in seinem Umfeld. Kommandeure sind allerdings genauso ungeduldig und dickköpfig, wie sie energisch und inspirierend sind. Man könnte die Zielstrebigkeit der ENTJs beinahe als eine Art von Scheuklappen bezeichnen, so wie sie die Dinge angehen.

Bekannte Persönlichkeiten

- Apple-Gründer Steve Jobs
- „Die eiserne Lady" Margeret Thatcher
- Schauspielerin Whoopi Goldberg
- „Bruce Allmächtig"-Darsteller Jim Carrey
- „Indiana Jones"-Schauspieler Harrison Ford
- US-amerikanischer Aktivist und Bürgerrechtler Malcolm X

Fiktive Charaktere

- Milady de Winter aus „Die Musketiere"
- Francis J. Underwood aus „House of Cards"
- Mary Talbot aus „Downton Abbey"
- Marvel-Superheld Dr. Stephen Strange
- Miranda Priestley aus der „Teufel trägt Prada"
- David Palmer aus „24"

Ein Wesen, ein Charakterzug und eine Persönlichkeit

Eine Persönlichkeit wächst und verändert sich. Sie passt sich an, lernt aus ihren Fehlern und weiß in Zukunft besser Bescheid als vorher. Das ist ein wichtiges Werkzeug, um in der Welt voranzukommen. Wer sich nicht verändern will und den Wandel in Welt und Gesellschaft zu übergehen versucht, wird keinen Erfolg haben. In modernen Zeiten sind Informationen nur einen Klick entfernt, was nicht nur einen Vorteil, sondern auch ein Problem darstellen kann. Es ist wichtig, die gegebenen Informationen nicht nur aufzunehmen, sondern auch zu filtern. Seine eigene Meinung zu ändern, wenn nötig, und sie mit fundierten Informationen zu verteidigen (wenn eben das notwendig ist).

Das Leben besteht aus Phasen: Es gibt zeitweise Dinge, die man liebt, und die dann Teil der Persönlichkeit werden. Dann wächst man aus diesen Phasen heraus, wenn auch die Modeerscheinung vorüberzieht und man entwickelt neue Vorlieben, Hobbys oder Abneigungen. Als Baby konnten Sie auch erst nur die Milch Ihrer Mutter zu sich nehmen. Dann folgten Brei und weiche Kekse und irgendwann wurde das Essen fester. Mochten Sie Broccoli als Kind? Und wenn ja, mögen Sie Broccoli heute noch? Für einige schmeckt Koriander wie Seife und der Geschmack ist so dominant, dass sie nicht zu Ende essen können, selbst wenn nur ganz wenig Koriander im Essen ist. Andere wiederum lieben Koriander. Sie sehen also, dass es im Leben viele Dinge gibt, die kommen und gehen sowie welche, die gekommen sind, um zu bleiben. Um in diesem Auf und Ab mitzuhalten, müssen Sie bereit sein, solche Entwicklungen zu akzeptieren und mit ihnen zu gehen. Menschen sind auf dieser Welt, um zu wachsen und mit anderen Menschen in Kontakt zu treten. Gleichgesinnte, die zu Freunden werden und wieder andere, die man – aus welchen Gründen auch immer – nicht mag. Das ist alles vollkommen in Ordnung. Nur geißeln Sie sich nicht dafür, wenn Sie eine Veränderung bei sich selbst bemerken und sagen Sie offen, wenn sich Ihre Meinung zu etwas geändert hat. Ein Mensch sollte nicht an einem Punkt seines Lebens verharren, wenn ihn ein Wunsch in eine andere Richtung zieht. Veränderung ist etwas Gutes, wenn die Motivation dafür die richtige ist. Wenn Sie im Verlauf dieser Veränderung jemanden kennenlernen, dessen Geschichte Sie interessiert, dann hören Sie dieser Geschichte in erster Linie zu. Hören Sie nicht zu, um auf diese Geschichte zu antworten, sondern machen Sie es sich gemütlich und leihen Sie diesem interessanten Menschen Ihr Ohr. Wer weiß, was er bereits alles erlebt hat? Welche Geschichten er zu erzählen hat und wie sich die Luft um Sie herum anfühlt, wenn diese Geschichte beendet ist? Was haben Sie über diesen Menschen, seine Vorlieben und seine Kultur, seine Hobbys und Wünsche erfahren?

Ableismus und wie Sie Ihre Ausdrucksweise zum Positiven verändern

Dieses Buch würde das Ziel eines Mehrwerts verlieren, wenn es eine klare Linie zwischen „die Guten" und „die Bösen" zöge. Die Welt ist, im übertragenen Sinn, nicht schwarz-weiß und genauso wenig sollten Sie auch so denken. Welche Botschaft hätte dieses Buch gehabt, wenn es alle psychisch kranken Menschen als „die Bösen" kategorisieren würde? Und ja, es gibt Psychopathie als ein Krankheitsbild. Und wenn Sie es nicht zur Beleidigung einer anderen Person benutzen oder wenn diese Diagnose tatsächlich auf den Menschen vor Ihnen zutrifft, dann verwenden Sie es richtig. Dennoch wurde im Verlauf dieses Buches darauf geachtet, dass stets der Mensch zuerst genannt wird. Also ist es nicht der *psychisch kranke* Mensch, sondern *der Mensch* mit einer psychischen Krankheit. Der Mensch mit einer Persönlichkeitsstörung, nicht „der Borderliner."

Sehen Sie? Eine Persönlichkeitsstörung ist nicht alles, was diesen Menschen ausmacht. Er gestaltet sein Leben bestmöglich – so, wie er es mit seiner Diagnose eben am besten kann. Es gibt gute Tage und es gibt schlechte Tage, das kennt jeder Mensch. Aber auch er hat Hobbys, Freunde und Familie. Wie bereits einmal erwähnt, sind sich Menschen mit einer Persönlichkeitsstörung durchaus dieser bewusst. Manchen fällt es daher schwer, um Unterstützung zu bitten. Sie wollen nicht darauf reduziert werden, dass sie Hilfe benötigen oder auf diese sogar angewiesen sind. Sprechen Sie mit Betroffenen auf Augenhöhe und geben Sie ihnen das Gefühl von Gleichheit.

Ein anderes Beispiel: Es heißt nicht „der behinderte Mensch", sondern „der Mensch mit Behinderung". Andersherum wäre es sonst ableistisch. Der Begriff „Ableismus" kommt aus dem Englischen von dem Wort „able", also „können". Entsprechend wird der Begriff mit einer englischen Betonung ausgesprochen. In etwa „Äi-belis-mus". Ableismus bezeichnet die Diskriminierung von Menschen aufgrund ihrer Behinderung. Auf die Sprache zu achten, ist deshalb ein wichtiger Schritt in die richtige Richtung. Haben Sie schon einmal darauf geachtet? Ist Ihnen schon mal aufgefallen, in welcher

Form Sie sich ausdrücken? Ist es „der kranke Mensch" oder „der Mensch mit der Krankheit"? Wenn Sie den Faden weiterspinnen wollen: Wie viele Märchen kennen Sie aus Ihrer Kindheit, in denen die humpelnde und buckelige Figur der Bösewicht war? Oder wie viele Filme haben Sie gesehen, in denen die psychisch kranke Figur die gefährliche war und ganz zufällig die psychische Erkrankung eine tragende Rolle dabei gespielt hat? In diesem, letzten Beispiel wird die psychische Erkrankung zuerst benannt, um zu verdeutlichen, dass die Figur in diesem Szenario auf genau diese reduziert wird. Andere Frage: Wie viele Filme haben Sie gesehen, in denen die Figur mit Behinderung am Ende von dieser „geheilt" wurde? Etwa, weil suggeriert wurde, dass sie in einem „normalen" Zustand glücklicher wäre als in ihrem „behinderten" Zustand? Erinnern Sie sich noch an die Zeit, in der „Bist du behindert?" beleidigend benutzt wurde? Begriffe wie „Spast", „Gestörter" oder sogar „Klappsmühle" anstatt Nervenklinik oder Nervenheilanstalt sind allesamt ableistisch. Fragen über Fragen zu Dingen, über die man eigentlich nicht so wirklich nachdenkt, wenn man nicht direkt von ihnen betroffen ist, richtig? Aber wenn jemand die Aufmerksamkeit darauflegt, sieht es gleich ganz anders aus.

Warum Inklusion bei der Sprache anfängt

Im Verlauf der Weltgeschichte hatten Menschen mit einer psychischen Erkrankung mit vielen Vorurteilen zu kämpfen. Auch die Kliniken legten nur nach außen hin Wert auf einen guten Ruf: Ende des 19. Jahrhunderts ließ sich Investigativ-Journalistin Nellie Bly für zehn Tage in eine Klinik einweisen und ermittelte verdeckt zu den schrecklichen Zuständen, denen die Patienten ausgeliefert waren. In den USA der damaligen Zeit (1887) sorgte ihre auf dieser Erfahrung basierende Reportage mit dem Namen „Zehn Tage im Irrenhaus. Undercover in der Psychiatrie" (Englisch: *Ten Days in a Mad-House*) für Furore, denn: Wer krank war, wurde förmlich „weggesperrt" und jeglicher Form von Autonomie beraubt. Da die Kliniken streng nach Geschlechtern getrennt waren, berichtet Bly in ihrer Reportage über Misshandlungen an den Insassinnen, die auf Blackwell's Island allem ausgesetzt wurden, was ihrer Zermürbung diente.

Selbst heute ist eine psychische Störung stark stigmatisiert, sodass Hilfe schwer zu bekommen ist oder sogar viel zu spät kommt. Therapiemöglichkeiten sind begrenzt, müssen sich manchmal sogar den Mühlen der Bürokratie stellen und „nachgewiesen" werden, ehe eine Behandlung zeitig beginnen kann. Das Stigma sorgt dafür, dass nicht offen über psychische Erkrankungen gesprochen wird und Betroffene um den Kontakt zu Freunden, im Beruf oder zur Familie fürchten. Das Stigma ist so alt, häufig wird erst im Nachhinein klar, dass es vielleicht sogar in der eigenen Familiengeschichte einen Betroffenen gegeben hat. Warum war der eine Onkel alkoholkrank? Warum hat sich die eine Großtante irgendwann nicht mehr vor die Tür getraut? „Der Säufer" und „die Irre" waren nun mal so drauf. Dass der Onkel seiner Zeit ein traumatisches Erlebnis nicht anders zu verarbeiten wusste und seine Depressionen betäuben wollte, oder dass die Großtante unter einengender Paranoia litt und vor lauter Angst sicherheitshalber überhaupt nicht mehr hinausgehen wollte, ist selten Teil ihrer Geschichte.

Sie verstehen: Selbst, wenn es Ihnen unangenehm sein sollte, über dieses Thema zu sprechen, müssen Sie sich darüber im Klaren sein, dass dieses Thema wichtig ist. Sollten Sie es nicht anschneiden, so lassen Sie das Gespräch zu, wenn es jemand anderes in Ihrem Umfeld tut. Es geht selten darum, dass Sie 24/7 für einen Betroffenen verfügbar sind. Sie sind keine Fachkraft, die professionell mit diesem Thema umgehen kann. Es geht darum, dass Sie signalisieren: „Ich bin für dich da" und „Wenn ich dir mit etwas Bestimmtem helfen kann, dann werde ich das."

Sie müssen nicht auf Zehenspitzen um die betroffene Person herumlaufen. Oft reicht es, wenn Sie Interesse zeigen und vorher vielleicht kurz anmerken, dass Sie sich noch nicht ganz sicher mit bestimmten Begrifflichkeiten sind. Zeigen Sie, dass Sie es *versuchen* und distanzieren Sie sich aus Angst vor dem Unbekannten nicht von einem Freund oder Familienmitglied. Reichen Sie ihm die Hand und geben Sie Ihr Bestes. Seien Sie sicher: Er wird Ihre Hand nehmen, wenn er dazu bereit ist.

Das Stigma bekämpfen

Das Stigma um psychische Krankheiten ist hartnäckig. Dabei sind sie gar nicht so selten. Besonders im heutigen politischen Klima, wo Energiekrise, Inflation, Krieg und Umweltschutz nur einige der Themen sind, die mentalen Druck ausüben, sind die Kerben, in die eine solche Erkrankung schlagen kann, eigentlich schon vorhanden. So gesehen könnte man jeden Menschen mit einer bestimmten psychischen Erkrankung diagnostizieren, wenn man will.

Journalistin Alisa Roth, die für ihr Buch *Insane: America's Criminal Treatment of Mental Illness* (Englisch etwa „Verrückt: Amerikas kriminelle Behandlung der psychischen Erkrankung") mit

Radio-Moderator Geoffrey Riley in „The Jefferson Exchange" unter anderem über die Wichtigkeit von Therapiemöglichkeiten und einen einfacheren Zugang zu ihnen spricht, hebt Folgendes hervor: Wenn jemand mit einem Knochenbruch in einer Klinik auftaucht, wird dieser sofort behandelt, um eine anständige Genesung und geringe langfristige Folgen zu gewährleisten. Würde jemand mit einer Erkrankung der Psyche eintreten und seine – jetzt schon zu einem gewissen Grad – einschränkenden Symptome benennen, dann ist die Wahrscheinlichkeit groß, dass diese Person nach Hause geschickt wird, bis die Symptome dann so schwer sind, dass eine Behandlung nicht mehr „aufzuschieben" ist.

Andersherum ist die Frage, die sich herauskristallisiert, wenn das Gegenüber keine Symptome zu haben angibt: *Darfst du keine haben oder hast du deine Symptome noch nicht richtig deuten können?*

Mit *Darfst du keine haben?* ist das unterbewusste Stigma gemeint. Dieses Stigma kann unter anderem kulturell bedingt sein, wenn die Rolle des „starken" Mannes und die der „schwachen" Frau klar definiert ist. So werden Frauen dreimal häufiger mit etwa Depressionen diagnostiziert als Männer. Die bekannten Symptome Antriebs- und Lustlosigkeit, Traurigkeit und depressive Stimmung werden aufgrund des noch aus dem 19. Jahrhundert stammenden Frauenbildes eher mit einer Patientin assoziiert. Männer mit Depressionen verhalten sich hingegen ein wenig anders: Sie verschließen sich und ziehen sich zurück, sodass sie möglichst wenig Berührungspunkte im Alltag oder mit Familie und Freunden haben, die sie eventuell nach ihrem Befinden fragen könnten. Eine Selbstmedikation durch exzessiven Alkohol, Arbeit, Sex oder sogar Sport ist das Mittel der Wahl, um das Belohnungssystem anzuspornen. Alles, was sie möglichst lange von ihrer Gefühlslage abhalten kann, wird exzessiv praktiziert. Da das Belohnungssystem dann aber immer mehr und mehr will, um den gewünschten Effekt zu erreichen, wird es kritisch. Von einer Selbstmedikation ist also in allen Fällen abzuraten. Allerdings ist es für viele Männer aufgrund der immer noch tief verankerten Geschlechterrollen schwer, sich medizinischen Rat und Hilfe zu holen. Sie assoziieren Depressionen oder andere psychische Erkrankungen mit Schwäche und Versagen, sehen es als einen großen Stein in ihrem Weg, der sie davon abhält, ihre ihnen „angedachte" Rolle als Familienoberhaupt und Versorger zu erfüllen. Sollte dieser Stein eines Tages allerdings zu groß und zu schwer werden, um ihn allein aus dem Weg zu schieben, wird das nicht angesprochen. Der Zugang zu den eigenen Gefühlen – und entsprechend, über diese offen zu sprechen – fällt den Männern besonders schwer. Das liegt meist daran, dass Männern während ihrer Erziehung keine Möglichkeit geboten wurde, über ihre Gefühle zu sprechen oder einfach einen gesunden Umgang mit ihnen zu lernen. So werden Männer eher wütend und schäumen auf eine einfache Frage hin eher plötzlich über oder „schnappen" verbal eher nach dem Fragesteller. Sie müssen sich das in etwa wie eine Fülle an Gefühlen, Problemen und Gedanken vorstellen, die Männer versuchen, nicht nach außen zu tragen, um nicht schwach zu wirken. Will man den Betroffenen zu einer Therapie bewegen, ist es daher ratsam, sich langsam voranzutasten und nicht direkt von einer Depression zu sprechen, damit die negative Verknüpfung nicht auftaucht und er sich der Idee gegenüber nicht gleich vollends verschließt. Sie erinnern sich: Wer Veränderung in Form von Hilfe angehen will, muss dazu bereit sein, diese Hilfe auch anzunehmen und die Veränderung zu beginnen. Wenn Sie also erahnen können, dass der Ihnen teure Freund oder das geliebte Familienmitglied bei einem solch sensiblen Thema wie einer psychischen Erkrankung „dichtmachen" wird, sprechen

Sie eher von übermäßigem Stress oder Burn-out, um die Tür zu öffnen. Der Rest, also die eventuelle Behandlung und die Fortschritte, liegt dann zwischen dem Mann und seinem Therapeuten. Dabei dürfen Sie eines nicht vergessen: Heilung ist nicht linear. Ein Heilungsprozess besteht nicht nur aus Schritten nach vorn. Es wird Rückschritte, vielleicht sogar Rückschläge geben, für die Betroffene in der Therapie das Handwerkszeug gereicht bekommen. Ein Therapeut ist nicht dazu da, Betroffene von einer Abhängigkeit in die nächste zu führen. Sondern der Therapeut sorgt dafür, dass Betroffene bestmöglich auf eigenen Beinen stehen können und gegebenenfalls ein solides Support-System haben, wenn die Therapie beendet ist.

Dieses Kapitel dient nicht dazu, Sie zu einem Aktivisten für mentale Gesundheit zu machen. Allerdings können Sie das ruhig in Betracht ziehen, wenn Sie die Kapazitäten für all das haben, was bei diesem Thema alles in die falsche Richtung geht. Es dient dazu, Ihnen gut zuzureden und zu verdeutlichen, dass Sie sich bestimmter Stigmata bewusst sein, aber trotzdem über diese hinweg handeln können.

Assoziationen sind manchmal genauso hartnäckig wie Stigmata, aber in beiden Fällen gilt, dass man offen gegenüber Veränderungen (beziehungsweise anderen Meinungen) sein muss. Ein offener Dialog ist ein Angebot, keine Pflicht. Dabei geht es um die individuellen Grenzen oder die Komfortzone einer Person. Das bedeutet, wenn sie sich unwohl bei dem Gedanken fühlt, über etwas so Persönliches wie die Psyche zu sprechen, dann legen Sie vorher Parameter fest, unter welchen der Dialog dann stattfinden kann. Urteilen Sie nicht über sie, sondern unterstützen Sie die Person dabei. Vielleicht hat sie eines Tages den Mut, die richtige

Bezeichnung für etwas zu benutzen, anstelle eines von ihr zuvor in den Parametern festgelegtes „Codewort". Auch kleine Schritte sind Schritte. Zwei Schritte nach vorn und einer zurück ist immer noch ein Schritt nach vorn, verstehen Sie? Zwingen Sie niemanden dazu, sich zu öffnen und übergehen Sie die Grenzen anderer nicht. Das ist nicht nur respektlos, sondern für viele Betroffene auch ein Triggerpunkt, der möglicherweise negative Auswirkungen auf ihren Gemütszustand hat. Aber die Grenzen anderer zu respektieren, ist einfache Menschlichkeit und ist nicht nur bei einem Thema wie dem in diesem Buch von Vorteil. Es gibt auf der Welt so viele wunderbare Menschen, die Ihr Leben mit ihren Geschichten bereichern können.

Test: Bin ich ein Psychopath? | Nach Robert Hare

Zum Abschluss der Lektüre soll ein Test Ihnen die obenstehende Frage beantworten. Bitte denken Sie daran, dass dieser Test in keiner Weise eine Therapiesitzung ersetzt und als 100%ig sicher betrachtet werden kann. Sollten Sie allerdings Bedenken haben, dass die Diagnose Psychopathie tatsächlich auf Sie zutreffen könnte, suchen Sie sich bitte entsprechende und professionelle Hilfe. Die insgesamt 20 Fragen in diesem Test basieren auf der Psychopathy-Checklist Revised (PCL-R) nach der Arbeit des kanadischen Psychologen und Kriminologen Robert Hare. Seine Checkliste zählt bis heute als ein Standardwerk in der kriminalistischen Forschung. Die Bepunktung erreicht ein Maximum von 40 Punkten.

1. **Frage: Neigen Sie dazu, Verantwortung von sich zu weisen?**
   - ☐ Ja (2 Punkte)
   - ☐ Nein (0 Punkte)
   - ☐ Teilweise (1 Punkt)

2. **Frage: Nutzen Sie Ihren Charme, um andere von Ihren Absichten abzulenken?**
   - ☐ Ja (2 Punkte)
   - ☐ Nein (0 Punkte)

☐ Teilweise (1 Punkt)

3. Frage: Lügen Sie viel, auch wenn das gar nicht nötig ist?

☐ Ja (2 Punkte)
☐ Nein (0 Punkte)
☐ Teilweise (1 Punkt)

4. Frage: Empfinden Sie je Reue oder Schuldgefühle?

☐ Ja (2 Punkte)
☐ Nein (0 Punkte)
☐ Teilweise (1 Punkt)

5. Frage: Würden Sie Ihr Selbstwertgefühl als „übersteigert" bezeichnen?

☐ Ja (2 Punkte)
☐ Nein (0 Punkte)
☐ Teilweise (1 Punkt)

6. Frage: Manipulieren Sie bewusst?

☐ Ja (2 Punkte)
☐ Nein (0 Punkte)
☐ Teilweise (1 Punkt)

7. Frage: Sind Sie empathisch oder würden Sie sich eher als gefühlskalt beschreiben?

☐ Ja (2 Punkte)
☐ Nein (0 Punkte)
☐ Teilweise (1 Punkt)

8. Frage: Bleiben Ihre Gefühle eher von oberflächlicher Natur?

- ☐ Ja (2 Punkte)
- ☐ Nein (0 Punkte)
- ☐ Teilweise (1 Punkte)

9. Frage: Empfinden Sie oft und schnell Langweile?

- ☐ Ja (2 Punkte)
- ☐ Nein (0 Punkte)
- ☐ Teilweise (1 Punkt)

10. Frage: Leben Sie gern auf Kosten anderer?

- ☐ Ja (2 Punkte)
- ☐ Nein (0 Punkte)
- ☐ Teilweise (1 Punkt)

11. Frage: Können Sie ihr eigenes Verhalten kontrollieren?

- ☐ Ja (2 Punkte)
- ☐ Nein (0 Punkte)
- ☐ Teilweise (1 Punkt)

12. Frage: Waren Sie schon früh verhaltensauffällig?

- ☐ Ja (2 Punkte)
- ☐ Nein (0 Punkte)
- ☐ Teilweise (1 Punkt)

13. Frage: Haben Sie langfristige bzw. realistische Ziele?

- ☐ Ja (2 Punkte)
- ☐ Nein (0 Punkte)
- ☐ Teilweise (1 Punkt)

14. Frage: Sind Sie ein impulsiver Typ?

- ☐ Ja (2 Punkte)
- ☐ Nein (0 Punkte)
- ☐ Teilweise (1 Punkt)

15. Frage: Haben Sie häufig wechselnde Sexualpartner?

- ☐ Ja (2 Punkte)
- ☐ Nein (0 Punkte)
- ☐ Teilweise (1 Punkt)

16. Frage: Würden Sie sich als „verantwortungslos" beschreiben?

- ☐ Ja (2 Punkte)
- ☐ Nein (0 Punkte)
- ☐ Teilweise (1 Punkt)

17. Frage: Waren Sie in Ihrer Jugend kriminell?

- ☐ Ja (2 Punkte)
- ☐ Nein (0 Punkte)
- ☐ Teilweise (1 Punkt)

18. Frage: Würden Sie sagen, Sie haben kriminelle Energie?

- ☐ Ja (2 Punkte)
- ☐ Nein (0 Punkte)
- ☐ Teilweise (1 Punkt)

19. Haben Sie viele kurze, aber eheähnliche Beziehungen?

- ☐ Ja (2 Punkte)
- ☐ Nein (0 Punkte)
- ☐ Teilweise (1 Punkt)

20. Befolgen Sie gegebenenfalls Anweisungen oder Auflagen?

- ☐ Ja (0 Punkte)
- ☐ Nein (2 Punkte)
- ☐ Teilweise (1 Punkt)

Bewertung: Rechnen Sie die in Klammern stehenden Punkte zusammen. In den USA wird der Schnitt ab einem Ergebnis von 30 Punkten gemacht. Im Vereinigten Königreich wird der Schnitt ab einem Wert von 25 Punkten gesetzt. Ted Bundy beispielsweise erreichte einen Wert von 39 Punkten bei der Evaluation mit diesem Test, Jeffrey Dahmer erreichte 23 Punkte.

Schlusswort:
Die Welt ist klein

Wie es im Kopf Ihnen fremder Menschen aussieht, können Sie nicht mit Genauigkeit sagen. Es sei denn, Sie treten mit diesen Menschen in Kontakt und in einen Dialog. Dieses Buch soll Ihnen keine Angst vor der „Außenwelt" machen, sondern Sie dazu motivieren, genauer hinzusehen. Hinterfragen Sie auch Ihre eigenen Assoziationen und Verknüpfungen: Mit welchen Stigmata sind eventuell Sie selbst aufgewachsen? Und war es vielleicht sogar das Stigma um das Thema psychische Erkrankungen, das Sie dazu motiviert hat, dieses Buch in die Hand zu nehmen?

Inzwischen wissen Sie, dass nicht jeder Mensch mit einer psychischen Erkrankung zwangsläufig gleich böse ist und eine Gefahr für Sie darstellt. Außerdem wissen Sie jetzt, dass dieses Buch „nur" die aktuellsten Definitionen nach bestem Wissen und Gewissen darlegen kann. Ein Thema wie Psychologie und Persönlichkeitsstörungen erfordert eingehende Studien und kann nicht einfach mal schnell angelesen werden. Auch in den Weiten des Internets tummelt sich die eine oder andere Falschinformation, weshalb es wichtig ist, die Inhalte auch während der Recherche aktiv zu reflektieren und zu filtern.

Die Welt der Bücher ist vielschichtig, weshalb dem Inhalt auf den Seiten etwa genauso viel Bedeutung beigemessen wird, wie in Stein gemeißeltem. Aber der Wissensstand wandelt sich täglich und wächst mit jeder neuen Information und Erkenntnis aus fortwährender Forschung. Ein Buch, das erst letztes Jahr veröffentlicht wurde, kann bereits aufgrund neuer Erkenntnisse nicht mehr aktuell sein. Andererseits kann man die Entwicklung des Forschungsfeldes anhand der Jahreszahlen in den Quellen ablesen. Wenn Sie dieses Thema also tatsächlich so sehr beschäftigt, dass Sie bis zum Schlusswort gelesen haben, so sind Sie hiermit dazu angehalten, auch andere Quellen und Literatur zur Hand zu nehmen und sich mithilfe seriöser Autoren weiter darüber zu informieren.

Achten Sie darauf, mit welchem Ziel Sie eine Lektüre angehen: Möchten Sie lernen und lediglich ein tiefergehendes Verständnis für ein Thema entwickeln oder gibt es Erlebnisse beziehungsweise Szenarien, vor denen Sie sich selbst durch mehr Aufklärung schützen möchten? Wie benennen Sie Ihre Motivation hinter diesem Wissensdurst? Die Motivation aktiv zu benennen ist wichtig, denn nur so können Sie sich zielorientiert informieren. Sie haben eine Frage, und auf genau diese Frage brauchen Sie eine Antwort. Im Laufe Ihrer Recherche ergibt sich eine weitere Frage, deren Beantwortung Sie als Nächstes ins Auge fassen – und so weiter. Eine Frage kann eine Recherche lostreten, die manchmal sogar Jahre umfassen kann. In diesen Jahren passiert das Leben und Sie treffen auf verschiedene Persönlichkeiten. Die einen kreuzen nur für einen kurzen Weg ihr Leben, die anderen bleiben länger und wieder andere ihr ganzes Leben.

Je mehr Sie also über Persönlichkeitstypen wissen, desto besser schulen Sie Ihr Bauchgefühl. Natürlich kommt man um die eine oder andere Lektion im Leben nicht herum und weiß danach mehr als vorher. Aber es heißt nicht umsonst, dass Wissen Macht ist. Wenn ein Thema wie dieses also Ihre Neugier geweckt hat und diese so lange hat aufrechterhalten können, fragen Sie ruhig immer weiter und suchen Sie nach der nächsten Antwort. „Ein Schritt nach dem anderen" ist hier richtungsweisend für eine lohnenswerte Reise, an deren Ende Sie mehr wissen und gelernt haben, als noch an ihrem Anfang. Wie lange diese Wissensreise währt, ist Ihre Entscheidung. Hauptsache, Sie vergessen dabei nicht, zwischendurch auch mal die kleinen Dinge des Lebens zu genießen.

Quellen und weiterführende Literatur

50+ INTP Fictional Characters. (2022, 6. September). Ranker. https://www.ranker.com/list/intp-fictional-characters/jason-bancroft

Aertsen. (o. D.). *Tranquilizer.* Lexikon der Neurowissenschaft. Abgerufen am 19. November 2022, von https://www.spektrum.de/lexikon/neurowissenschaft/tranquilizer/13131

Aktion Mensch e. V. (o. D.). *Was ist Ableismus? | Aktion Mensch – Aktion Mensch.* https://www.aktion-mensch.de/. Abgerufen am 6. November 2022, von https://www.aktion-mensch.de/dafuer-stehen-wir/was-ist-inklusion/ableismus

Antwerpes, F. & Manten, L. (2014). Stimmungsstabilisierer. In *DocCheck Flexikon.* https://flexikon.doccheck.com/de/Stimmungsstabilisierer

Bancroft, J. (2022, 6. September). *50+ INTJ Fictional Characters.* Ranker. https://www.ranker.com/list/intj-fictional-characters/jason-bancroft

Benecke, L. (2018). *Psychopathinnen: Die Psychologie des weiblichen Bösen* (8. Aufl. 2018). Bastei Lübbe (Lübbe Ehrenwirth).

Berry-Dee, C. (2022). *Wie Psychopathen denken: Eine schockierende Reise in die tiefsten Abgründe der menschlichen Seele. Ein Klassiker der True-Crime-Literatur.* Riva

Berufsverbände für Psychiatrie, Kinder- und Jugendpsychiatrie, Psychotherapie, Psychosomatik, Nervenheilkunde und Neurologie aus Deutschland. (o. D.-a). *Bipolare Störung | Krankheitsbild.* Neurologen und Psychiater im Netz. Abgerufen am 20. November 2022, von https://www.neurologen-und-psychiater-im-netz. org/psychiatrie-psychosomatik-psychotherapie/stoerungen-er-krankungen/bipolare-erkrankungen/krankheitsbild

Berufsverbände für Psychiatrie, Kinder- und Jugendpsychiatrie, Psychotherapie, Psychosomatik, Nervenheilkunde und Neurologie aus Deutschland. (o. D.-b). *Borderline-Störung.* Neurologen und Psychiater im Netz. Abgerufen am 16. Oktober 2022, von https://www.neurologen-und-psychiater-im-netz.org/psychiatrie-psychosomatik-psychotherapie/stoerungen-erkrankungen/bord-erline-stoerung

BetterHelp Editorial Team. (2022, 2. August). *10 INFP Personality Traits | BetterHelp.* https://www.betterhelp.com/advice/perso-nality/10-things-every-infp-personality-type-should-know/

Blumerth, M. (2020, 29. Mai). *Die Angst vor der Angst – Panik-attacken und Angst ganzheitlich in 3 Wochen loswerden: Das Arbeits-buch zur Selbsthilfe bei Panik & Angst mit vielen Soforthilfe Tipps.* Independently published

Bukowski, H. & Silani, G. (2015). From shared to distinct self–other representations in empathy: evidence from neurotypical function and socio-cognitive disorders. *Philosophical Transactions of the Royal Society B: Biological Sciences, 371*(1686), 1–7. https://doi.org/10.1098/rstb.2015.0083

By Lucy. (2022, 29. September). *Is Patrick Bateman A Narcissist?* Mental Health Matters Cofe. https://www.mentalhealthmatters-cofe.org/is-patrick-bateman-a-narcissist/

Cherry, K. (2022a, 28. Juli). *Myers-Briggs Type Indicator: The 16 Personality Types*. Verywell Mind. https://www.verywellmind.com/the-myers-briggs-type-indicator-2795583

Cherry, K. (2022b, 4. August). *INFJ: Introverted, Intuitive, Feeling, Judging*. Verywell Mind. https://www.verywellmind.com/infj-introverted-intuitive-feeling-judging-2795978

Cobb, D. (2020, 6. September). *List of Famous People With ENFP Personality*. Personality Club. https://www.personalityclub.com/blog/famous-enfp/

Cobb, D. [Daniel]. (2020, 22. April). List of Famous People With INFP Personality. *PersonalityClub*. https://www.personalityclub.com/blog/famous-infp/

Conrad, M. & Spann, R. T. (2021, 22. Juni). *What Is Gaslighting? Meaning, Examples And Support*. Forbes Health. https://www.forbes.com/health/mind/what-is-gaslighting/

Degges-White & Ma, L. (2018, 13. April). *Love Bombing: A Narcissist's Secret Weapon: A whirlwind romance should never feel like a manipulation of your heart*. Psychology Today. https://www.

psychologytoday.com/us/blog/lifetime-connections/201804/love-bombing-narcissists-secret-weapon

Die Inselrinde, die Quelle unserer Emotionen (Von David). (2018, 21. Juni). Gedankenwelt. https://gedankenwelt.de/die-inselrinde-die-quelle-unserer-emotionen/

Dobmeier, J. (2021a, 15. Juli). *Dissoziale Persönlichkeitsstörung.* NetDoktor. https://www.netdoktor.de/krankheiten/dissoziale-persoenlichkeitsstoerung/

Dobmeier, J. (2021b, 5. August). *Narzisstische Persönlichkeitsstö-rung.* NetDoktor. https://www.netdoktor.de/krankheiten/narziss-tische-persoenlichkeitsstoerung/

Dobmeier, J. (2021c, 6. August). *Weiblicher Narzissmus.* NetDok-tor. https://www.netdoktor.de/krankheiten/narzisstische-persoen-lichkeitsstoerung/weiblicher-narzissmus/

Dobmeier, J. (2022, 17. Januar). *Psychopathie.* NetDoktor. https://www.netdoktor.de/krankheiten/dissoziale-persoenlichkeitsstoe-rung/psychopathie/

Dr. Ramani Durvasula [MedCircle]. (2018a, 25. Juni). *The 4 Types of Narcissism You Need To Know* [Video]. YouTube. https://www.youtube.com/watch?v=_uJs0iGQN0M

Dr. Ramani Durvasula [MedCircle]. (2018b, 26. Juni). *Narcissist, Psychopath, or Sociopath: How to Spot the Differences* [Video]. You-Tube. https://www.youtube.com/watch?v=6dv8zJiggBs

Dr. Rupp, C. (2013, 22. April). Psychopath, Soziopath & Co: Unterschiede, Ursachen & Therapie. *Psychography.* https://psychotherapie-rupp.com/2013/04/22/psychopath-soziopath-co-fur-ein-wenig-klarheit-im-begriffsdschungel/

DUDEN. (o. D.-a). Asthenie, die. In *Duden Online.* Abgerufen am 23. Oktober 2022, von https://www.duden.de/rechtschreibung/Asthenie#close-cite

DUDEN. (o. D.-b). Hyperthymie, die. In *Duden Online.* Abgerufen am 23. Oktober 2022, von https://www.duden.de/rechtschreibung/Hyperthymie#close-cite

Faust, V. (o. D.). *Schizoaffektive Störungen.* Psychosoziale Gesundheit: von Angst bis Zwang | Seelische Störungen erkennen, verstehen, verhindern, behandeln. Abgerufen am 17. Oktober 2022, von https://www.psychosoziale-gesundheit.net/psychiatrie/schizo_aff.html

Gesundheit.de. (2013, 6. Juni). *Psychopharmaka – Rettung oder Verhängnis?* https://www.gesundheit.de/medizin/wirkstoffe/sonstige-wirkstoffe/psychopharmaka

Gesundheitsinformation, D. H. V. F. (o. D.). *Psychopharmaka: Infos & Psychopharmaka-Spezialisten.* https://www.leading-medicine-guide.com/de/behandlung/psychopharmaka

Goddemeier, C. (2017). Kurt Schneider: Unverzichtbare Psychopathologie. *Deutsches Ärzteblatt, Heft 11,* 534–535. https://www.aerzteblatt.de/archiv/194503/Kurt-Schneider-Unverzichtbare-Psychopathologie

Hegman, E. & Anders, L. (Hrsg.). (o. D.). Aus der Sicht eines Narzissten | Ein Interview. *beziehungsweise | Magazin*. Abgerufen am 16. November 2022, von https://www.beziehungsweise-magazin.de/ratgeber/kommunikation-konflikte/interview-mit-einem-narzissten/

Herndon, J. & Gepp, K. (2022, 21. April). *Understanding Schizophrenia as a Spectrum Disorder*. Healthline. https://www.healthline.com/health/schizophrenia/schizophrenia-spectrum

Hilscher, C. (2020, 1. Mai). Phasenprophylaktika / Stimmungsstabilisierer. *Arznei News*. https://arznei-news.de/phasenprophylaktika/

Hilscher, C. (2021, 11. Mai). Carbamazepin. *Arznei News*. https://arznei-news.de/carbamazepin/

Jameela Jamil. (2022, 3. Mai). *Taylor Tomlinson on processing stigma around bipolar 2 diagnosis | I Weigh with Jameela Jamil EP108* [Video]. YouTube. https://www.youtube.com/watch?v=9ji0Gc1mdjQ

Johanssen, M. (2006). *Stigmatisierungserleben psychisch erkrankter Menschen: Auswirkungen und Bewältigungsmöglichkeiten* [E-Book]. GRIN Verlag | Dokument Nr. K 27140. https://www.grin.com/document/110455

Keil, L.-B. & Seewald, B. (2013, 5. März). Stalins Tod: Stalin war sprachlos und lag in seinem Urin. *DIE WELT*. https://www.welt.de/geschichte/article114130429/Stalin-war-sprachlos-und-lag-in-seinem-Urin.html

Kempf, F. (2022, 12. Mai). *Adrenalin und Noradrenalin: So wirken die Neurotransmitter*. https://www.brain-effect.com/magazin/adrenalin-noradrenalin-wirkung-neurotransmitter

Kohlen, R. & Glowalla. (2021, 29. Juni). Manipulationstechniken erkennen, einsetzen und abwehren. *Hochschule Fresenius | Wissen | Blog*. https://www.hs-fresenius.de/blog/wissen/manipulationstechniken-manipulation-erkennen-einsetzen-abwehren/

Kristenson, S. (2022a, 23. Juni). *49 Famous People & Celebrities with INTJ Personality Type*. Happier Human. https://www.happierhuman.com/intj-famous-people/

Kuhn, S. C. (2021, 4. November). *Die Söhne narzisstischer Mütter und der Schaden, den sie erleiden*. Starke Gedanken | Man sieht nur mit dem Herzen gut. https://starke-gedanken.de/die-soehne-narzisstischer-muetter-und-der-schaden-den-sie-erleiden/

Langenau, L. & Unkelbach, B. K. (2016, 7. Januar). Fehlende Selbstliebe: „Viele Menschen spüren sich kaum." *Süddeutsche.de*. https://www.sueddeutsche.de/leben/fehlende-selbstliebe-viele-menschen-spueren-sich-kaum-1.2792847-3

Law&Crime Network. (2022, 26. April). *Amber Heard Diagnosed w/Borderline & Histrionic Personality Disorders by Psychologist Dr. Shannon Curry* [Video].

Lee Hammock [Mental Healness]. (2021, 19. Juli). *A #Narcissist Explains – #LoveBombing TikTok explained by Self-Aware Narcissist Lee Hammock* [Video]. YouTube. https://www.youtube.com/watch?v=S3I9KBoGGe8

Lezoch, K. (2022, 28. Februar). *Narzisstischer Vater – mögliche Anzeichen*. Düsseldorfer Therapie | Katharina Lezoch. https://www.duesseldorfer-therapie.de/narzisstischer-vater-anzeichen/

Mai, J. (2022, 29. März). *MBTI Test: Myers-Briggs Typenindikator + 16 Persönlichkeiten*. karrierebibel.de. https://karrierebibel.de/mbti/

Maria Chiara Cossio. (2020). Was Ted Bundy a Sociopath or a Psychopath? In *St. Mary's University | StMU*. St. Mary's Research Scholars | San Antonio, Texas. https://stmuscholars.org/was-ted-bundy-a-sociopath-or-psychopath/

Martel, J. & Legg, T. J. (2017, 4. August). *Schizotypal Personality Disorder (STPD)*. Healthline. https://www.healthline.com/health/schizotypal-personality-disorder

MEDIAN Kliniken. (o. D.). *Sensibler Persönlichkeitsstil und ängstlich-vermeidende Persönlichkeitsstörung*. https://www.median-kliniken.de/. Abgerufen am 22. Oktober 2022, von https://www.median-kliniken.de/de/behandlungsgebiete/psychosomatik/persoenlichkeitsstoerungen/formen/aengstlich-vermeidende-persoenlichkeitsstoerung/

Meier, S. (2011, 1. November). Die falsche Psychopathin. *tagesanzeiger.ch*. https://web.archive.org/web/20121130090203/http://www.tagesanzeiger.ch/kultur/diverses/Die-falsche-Psychopathin/story/26315678

Mittelbach, A. (2022, 15. März). Taylor Tomlinson zeigt, warum Comedy die beste Therapie ist. Recklinghäuser Zeitung. https://

www.recklinghaeuser-zeitung.de/scenario/taylor-tomlinson-zeigt-warum-comedy-die-beste-therapie-ist-w1735425-6000157433/

Navarro, J. & Poynter, S. T. (2011). *Menschen verstehen und lenken: Ein FBI-Agent erklärt, wie man Körpersprache für den persönlichen Erfolg nutzt.* mvg Verlag.

Navarro, J. (2014, 4. April). *Die Psychopathen unter uns: Der FBI-Agent erklärt, wie Sie gefährliche Menschen im Alltag erkennen und sich vor ihnen schützen.* mvg Verlag.

NERIS Analytics Limited. (2019a, 6. April). *Architect (INTJ) | Personality.* 16Personalities. https://www.16personalities.com/intj-personality

Newman, T. (2017, 24. Juli). What is hypochondria? *MedicalNewsToday.* https://www.medicalnewstoday.com/articles/9983

Noradrenalin. (o. D.). StudySmarter DE. https://www.studysmarter.de/schule/biologie/neurobiologie/noradrenalin/

Oberberg Fachkliniken für Menschen mit Persönlichkeitsstörungen. (o. D.). *Narzissmus (Krankheitsbild): Narzisstische Persönlichkeitsstörung.* Oberberg Kliniken. Abgerufen am 14. Oktober 2022, von https://www.oberbergkliniken.de/krankheitsbilder/narzissmus

Oliver, M. (o. D.). *10 Unerwartete Vorteile für einen Psychopathen (Kriminalität).* Beste Top-10-Listen der Welt! Abgerufen am 26. Oktober 2022, von https://www.mydailyselfmotivation.com/articles/crime/10-unexpected-benefits-to-being-a-psychopath.html

Özcan, C. (2020, Juli). Formen des Narzissmus. *Psychomeda | Psychologie-Blog.* https://www.psychomeda.de/psychologie-blog/ formen-des-narzissmus.html

Patrick, C. J. (2018). Handbook of Psychopathy (2nd New Edition). Guilford Publications. S. 576-800

Paula. (2021, 3. November). *INFJ – der seltenste Persönlichkeitstyp nach Carl Gustav Jung.* Gedankenwelt. https://gedankenwelt.de/ infj-der-seltenste-persoenlichkeitstyp-nach-carl-gustav-jung/

Peer Inspiration. (2021, 21. April). Depression and Bipolar Support Alliance. https://www.dbsalliance.org/support/peer-inspiration/

Pein, R., Antwerpes, F. & Joss, B. P. (2022). Trizyklische Antidepressiva. In *DocCheck Flexikon.* https://flexikon.doccheck.com/ de/Triyklisches_Antidepressivum

Pepaj, G., Kummer, S. & Antwerpes, F. (2022). Noradrenalin. In *DocCheck Flexikon.* https://flexikon.doccheck.com/de/Noradrenalin

Personality Data-Base. (2022, 27. April). 28 INFJ Characters We All Love. *www.personality-database.com.* https://www.personality-database.com/article/infj-characters

Personality Max. (2022, 21. September). *ESTJ Famous People and Fictional Characters.* https://personalitymax.com/personality/estj/ famous/

Plankermann, N. & Möller-Leimkühler, A.-M. (2022, 9. November). *Männer und Depressionen: Mehr Wut als Traurigkeit.* aponet. de. https://www.aponet.de/artikel/maenner-und-depressionen-mehr-wut-als-traurigkeit-23267

Plasse, W. (2021, 6. Oktober). *Vincent van Gogh: Biografie & Werke.* geolino.de. https://www.geo.de/geolino/mensch/1083-rtkl-weltveraenderer-vincent-van-gogh

Popp, B. [Beate]. (2020, 17. Juni). *Du bist der Sohn oder die Tochter eines narzisstischen Vaters?* Lebensmitte | Endlich stark. https://lebensmitte-endlich-stark.de/2018/07/25/bist-du-die-tochter-oder-der-sohn-eines-narzisstischen-vaters/

Poth, V. (2017). Der Umgang mit Stigmatisierung. Die Auswirkungen eines Stigmas auf die Identität und den Selbstwert (1.) [Hausarbeit (2016) | Universität Koblenz-Landau]. GRIN Verlag. https://www.grin.com/document/354526

Prange-Morgan, C. (2022, 28. Juni). What Is „Inspiration Porn" and Why Does It Matter? While images of people with disabilities can inspire, they can do much more. (E. Hagan, Hrsg.). Psychology Today. https://www.psychologytoday.com/au/blog/full-catastrophe-parenting/202206/what-is-inspiration-porn-and-why-does-it-matter

PraxisVITA, R. (2022, 5. Juli). Psychopathen-Test: Bin ich ein Psychopath? PraxisVITA. https://www.praxisvita.de/selbst-test-bin-ich-ein-psychopath-1492.html

Prinz, D., Antwerpes, F., Stud. med. dent. Sascha Alexander Bröse & Groß, J. (2013). Psychopharmakon. In *DocCheck Flexikon*. https://flexikon.doccheck.com/de/Psychopharmakon

Pro Psychotherapie e.V. (o. D.-a). *Bipolare Störung: Gründe für die Entstehung und Verlauf.* Therapie.de. Abgerufen am 20. November 2022, von https://www.therapie.de/psyche/info/index/diagnose/bipolare-stoerung/entstehung-und-verlauf/

Pro Psychotherapie e.V. (o. D.-b). *Die drei Subtypen des Narzissmus nach Russ & Kollegen.* therapie.de. Abgerufen am 13. Oktober 2022, von https://www.therapie.de/psyche/info/index/diagnose/narzissmus/die-drei-typen/

Pro Psychotherapie e.V. (o. D.-c). *Neuroleptika: Anwendung, Wirkung, Arten, Kritik.* therapie.de. Abgerufen am 14. November 2022, von https://www.therapie.de/psyche/info/therapie/psychopharmaka/neuroleptika/

Pro Psychotherapie e.V. (o. D.-d). *Selbstunsichere Persönlichkeitsstörung.* therapie.de. Abgerufen am 22. Oktober 2022, von https://www.therapie.de/psyche/info/index/diagnose/persoenlichkeitsstoerungen/selbstunsicherheit/

Pro Pychotherapie e.V. (o. D.-a). *Dependente Persönlichkeitsstörung.* therapie.de. Abgerufen am 18. Oktober 2022, von https://www.therapie.de/psyche/info/index/diagnose/persoenlichkeitsstoerungen/dependent/

Pro Pychotherapie e.V. (o. D.-b). *Paranoide Persönlichkeitsstörung.* therapie.de. Abgerufen am 19. Oktober 2022, von https://www.

therapie.de/psyche/info/index/diagnose/persoenlichkeitsstoerungen/paranoia/

Psych2Go. (2020a, 2. Juni). *8 Signs You Are Dealing with Narcissistic Abuse* [Video]. YouTube. https://www.youtube.com/watch?v=H_Dqczmp8Kc

Psych2Go. (2020b, 19. November). *7 Mind Games Narcissists Use to Manipulate You* [Video]. YouTube. https://www.youtube.com/watch?v=b3vJGOT73v8

Psych2Go. (2021, 13. Dezember). *11 Smart Ways To Outsmart A Narcissist* [Video]. YouTube. https://www.youtube.com/watch?v=rtkEkShGP0M

Psychology Today Staff. (o. D.-a). *Basics: Love Bombing.* Psychology Today. Abgerufen am 19. November 2022, von https://www.psychologytoday.com/us/basics/love-bombing

PsychReel Authors. (2022, 2. Januar). *ISTJ Fictional Characters (Understand ISTJs Through Fiction).* PsychReel. https://psychreel.com/istj-fictional-characters/

Raypole, C. & Klein, A. (2020, 22. Juli). Think Guilt-Tripping Isn't a Big Deal? Think Again. *Healthline.* https://www.healthline.com/health/relationships/guilt-trip

Redaktion (uni:view). (2015, 14. Dezember). *Autismus und Psychopathie: Empathie-Defizite könnten Trugschluss sein.* https://medienportal.univie.ac.at/uniview/forschung/detailansicht/artikel/

autismus-und-psychopathie-empathie-defizite-koennten-trug-schluss-sein/

Redaktionsteam. (2022, 12. Februar). *Unterschiede zwischen Narzissmus und Egozentrismus*. Gedankenwelt. https://gedankenwelt.de/unterschiede-zwischen-narzissmus-und-egozentrismus/

Resnick, CNC, A. & Cilli, K. (2021, 6. Dezember). *Types of Ableist Language and What to Say Instead*. Verywell Mind. https://www.verywellmind.com/types-of-ableist-language-and-what-to-say-instead-5201561

Riggio, R. E. (2014, 21. Februar). *The Truth About Myers-Briggs Types: What can your MBTI type tell you? Are typologies sound?* (Von J. Schrader). Psychology Today. https://www.psychologytoday.com/us/blog/cutting-edge-leadership/201402/the-truth-about-myers-briggs-types

Riley, G. & Ehrlich, A. (2018, 9. Mai). *How We Stopped Locking Up Mentally Ill People (And Then Started Again)*. Jefferson Public Radio. https://www.ijpr.org/show/the-jefferson-exchange/2018-05-08/how-we-stopped-locking-up-mentally-ill-people-and-then-started-again

Roland, J. & Legg. (2019, 10. Januar). *Bipolar 1 Disorder and Bipolar 2 Disorder: What Are the Differences?* Healthline. https://www.healthline.com/health/bipolar-disorder/bipolar-1-vs-bipolar-2

Sachse, R. (2019). *Persönlichkeitsstile: Wie man sich selbst und anderen auf die Schliche kommt* (1. Aufl.). Junfermann Verlag.

Schuler, H. & Schwarzinger, D. (2022). *Die Masken der Psychopathen* (1. Aufl.). C.H.Beck.

Sekertzi, D. (2022, 14. Oktober). *Narzisstische Mutter: Diese Verhaltensweisen entlarven sie*. PraxisVITA. https://www.praxisvita.de/narzisstische-mutter-diese-verhaltensweisen-entlarven-sie-21198.html

Selena Gomez: Singer speaks about bipolar disorder -. (2020, 6. April). *BBC Newsround*. https://www.bbc.co.uk/newsround/52174172

Skeem, J. L., Polaschek, D. L. L., Patrick, C. J. & Lilienfeld, S. O. (2011). Psychopathic Personality. Psychological Science in the Public Interest, 12(3), 95–162. https://doi.org/10.1177/1529100611426706

SSRI. (o. D.). In *The Merriam-Webster.com Dictionary*. Abgerufen am 14. November 2022, von https://www.merriam-webster.com/dictionary/SSRI

Stiller. (2021, 7. April). *Neurotisch? Wir sagen dir, ob du es bist*. Gedankenwelt. https://gedankenwelt.de/neurotisch-wir-sagen-dir-ob-du-es-bist/

Tachycardia – Symptoms and causes. (2022). In *Mayo Clinic*. https://www.mayoclinic.org/diseases-conditions/tachycardia/symptoms-causes/syc-20355127

Tomlinson, Taylor: Look at You. Regie: Kristian Mercerado. TTom Productions (2022). Netflix APP

Wenninger, G. (2000). *Manipulation*. Lexikon der Psychologie. https://www.spektrum.de/lexikon/psychologie/manipulation/9152

What is stigma? - Mental health and psychosocial disability. (o. D.). https://www.health.nsw.gov.au/mentalhealth/psychosocial/foundations/Pages/stigma-define.aspx

Zimmermann, C. (2014). *Die Liebe und der Psychopath: Psychopathische Beziehungen erkennen und vermeiden: Wie Sie psychopathische Beziehungen erkennen und vermeiden* (1. Aufl.). Goldegg Verlag.